JN320655

● 新・建築学 ●
TKA-1

建築計画の基礎
環境・建築・インテリアのデザイン理論

西出和彦

数理工学社

編者のことば

　現代都市の生活は，建築物がもたらすさまざまな利便性や安全性により，未だかつてなく快適なものとなっている．寒暑や恐怖から家族を守るシェルターとしてスタートした建築は，時代の変遷とともにその姿を進化させ，東京のような巨大都市における無数の構成要素へと変貌してきた．それは，現代の日本人，特に若い人々にとっては生まれながらに眼にする原風景であり，それを建築の姿として当然のことと考えるのは仕方がないことかもしれない．しかし，ひとたび地震などの自然災害が都市を襲い，電気や水道が止まり，壊れて使用できなくなる建築物がでてくれば，建築という社会インフラによってつくられる日本人の生活環境は，歴史に根付き，さまざまな思慮と工夫によって計画され，エネルギーと資源の消費の上に成り立っているものであるという事実に改めて気がつかされよう．

　正直にいって，建築を学び始めるほとんどの学生は，建築学が扱っている領域がそれほどの広がりを持つものであることを理解して志望して来るのではないと思われる．しかし，大学で建築を学ぶ学生はそのような建築のつくりだす日本社会の利便性や安全性をこれからも維持することを担う人材として社会から嘱望されているのである．社会における役割があるということは，それ自体大変すばらしいことである．現在の建築学で取り扱う領域はたいへん広く，建築物をつくるために必要な知識は，物理学，化学等の自然科学だけでなく，人文科学，歴史学等も含めた多くの分野の知識に根ざしている．また，それらの相対的な重要性は時代とともに変化しており，その変化を知ること自体大変興味深い．

　これまでの歴史を振り返れば，20世紀においては，新しい材料の開発や構造解析法の発達，化石エネルギーの活用の容易化によって，さまざまな建築の設計技術が変容し，次々と新しい形態の建築が可能になった．21世紀においては，地球規模での環境問題の解決がより重要となり，人類の行く末に対する関心が高まっている．新築時には莫大な資源を使う建築を維持・補修して少しでも寿命を延ばすためにはどうすればよいか，都市・建築の理想像はどう変わって行

編者のことば

くのかなど，建築学の扱うべき課題はこれからも尽きそうにない．

　本ライブラリは，主に東京大学の建築学科の教員が学部で行っている講義をもとにそれぞれの巻を分担して執筆している．このような広い領域にまたがる建築学に関する幅広い知識を効率よく身につけるためには，内容を厳選し，分量を決定し，適切に構成した，良い教科書があることが不可欠である．そういった観点から，それぞれの巻は，原則として1名が執筆することとしている．このライブラリは，残念ながら現在の課題に対する答えを示すものではないが，このライブラリで建築を学び，建築に関する課題に積極果敢に取り組もうと志す若者が増えることを心より期待するものである．

　2009 年 5 月

編者　塩原　等・西出　和彦・平手小太郎・野口　貴文

「新・建築学」書目一覧	
書目群 I	書目群 II
1　建築計画の基礎	A–1　建築史
2　建築構造解析	A–2　建築計画
3　建築弾塑性学	A–3　都市建築史
4　建築信頼性工学	A–4　都市計画
5　建築材料学	A–5　鉄筋コンクリート構造
6　建築熱環境	A–6　鉄骨構造
7　建築空気環境	A–7　木構造
8　建築音環境	A–8　基礎構造
9　建築光環境・視環境	A–9　建築耐震工学
	A–10　建築大空間構造
	A–11　建築防火計画
	A–12　建築構法計画
	A–13　建築経済
	A–14　建築維持保全
	A–15　空気調和設備
	A–16　給排水衛生設備
	A–17　都市環境・都市設備・都市災害

(A: Advanced)

まえがき

　本書は,「建築計画」のうち,「人間」を中心とした基礎的「原論」に関する教科書である．それは「人々が真に人間らしく豊かな生活ができる環境としての建築空間をつくるためのデザイン理論」である．

　そもそも「建築計画」とは何であろうか？「建築計画」とは文字通り「都市計画」や「構造計画」,「設備計画」に対して「建築単体・建築空間の計画」を指すだけではない．大学での教育・研究分野としての「建築計画」は,「単体建物や建築空間の計画のもとになる人間の行動や意識と建築空間の相互作用に関する知見（日本建築学会編・建築学用語辞典第2版）」が主といえる．

　「建築計画」の分野は，通常，住宅や各種建物種別ごとの計画論と本書で扱うような基礎的な原論に分けられる．日本建築学会における研究発表の分野を見ても，住宅，各種建物，基礎の3分野で，発表論文数はおよそ3分されている．東京大学建築学科の講義においても「建築計画」の講義はおよそこれらの3分野について行ってきた．

　「建築計画」は社会が建築に求めるものを実現するための理論であるといえる．それは時代とともに変わるべきものである．

　「建築計画」の理論には「建物はかくあるべき」というような規範的な理論と，科学的な調査研究に基づく実証的な理論があるといえる．このうち特に規範的な理論は社会・時代の要求に敏感でなければならない．戦後直後の復興期の理論，あるいは高度成長期の理論がそのまま現在に通用するはずはない．しかし基礎的な原論は「人々が人間らしく生きる」ことが目的であれば，今まで見落とされてきたことは多くあったにせよ，本来は変わらないはずのものである．

　それが，このライブラリを出版するにあたり，「建築計画」の中で本書を第1巻とする理由のひとつである．

　また建築学のうち計画，意匠，歴史などの分野はあまり科学・工学とはなじま

まえがき

ないところもある．しかし本書で扱う分野は実証的理論を中心とし，対象が人間であるにせよ何等かの科学・工学的アプローチを試みている分野である．もちろんこれらが科学・工学といえるかどうかは議論しなければならないであろうが．

戦後60年を過ぎ，時代も変わりつつある．計画されてつくられたものが批判の対象となることがあり，また逆に計画されないものの価値が認められることもある．「計画」ということばそのものが問われることもあるであろう．

「現在求められる建築計画とは何か」と再考するとすれば，「人間」という原点から建築を見つめ直すことであろう．主役は人間であることを考え，真に人々にとって自分らしく居られる場所としての建築を実現するための「建築計画」となるべく，人々の本当の姿を見出すことができればと考える．

建物は新たにつくるだけでなく，既存の構造体をうまく使うことが求められる時代でもある．その中で，人間と建築躯体との間にあるインテリアの役割が重要になると考えられる．

「建築」を建築だけの枠組みでとらえるのではなく，より広く，「環境」，「インテリア」，さらにはハードだけでなく「環境に生きる人々」の「生活のしかた」も含めてとらえ，さらに「計画」だけでなく「利用」し「住みこなす」ことも含め，これからの「建築計画」は「人間–環境系デザイン理論」とでもいうべきものに変わると考える．

「建築」をつくることは，教科書どおりにつくればできることではない．多くの人が様々なことを考え解決策を探るものであろう．本書はそのひとつの参考になればと思う．

本書で紹介させていただいた知見は多くの先輩方の研究と実践によって得られたものである．貴重な図版・写真などを引用・転載させていただいた方々に厚く御礼を申し上げたい．そして本書の編集・出版に至る過程では数理工学社の田島伸彦氏，竹内聡氏に多くの労を割いていただいた．重ねて御礼を申し上げる次第である．

  2009年5月

西出和彦

目　　次

第1章　人間・環境・空間・建築　　1
　1.1　建築・空間　……………………………………………　2
　1.2　人間・環境　……………………………………………　4
　1.3　人間にとっての環境　…………………………………　6
　1.4　生活を支える都市・地域・環境　……………………　8
　1章の問題　……………………………………………………　10

第2章　建築計画のはじまり　　11
　2.1　建築の起源　……………………………………………　12
　2.2　分業・専門化　…………………………………………　14
　2.3　施設・制度　……………………………………………　16
　2.4　標準化・工業化・ストックとしての建築　…………　18
　2.5　建築のつくられるプロセス　…………………………　20
　2章の問題　……………………………………………………　22

第3章　建築計画の意義　　23
　3.1　近代以前・近代・合理主義　…………………………　24
　3.2　人間的な環境　…………………………………………　26
　3.3　計画された環境　………………………………………　28
　3.4　自然発生的な環境　……………………………………　30
　3.5　文化, 歴史, 住み心地よい環境　………………………　32
　3章の問題　……………………………………………………　34

目　次　　vii

第 4 章　人　　体　　35
4.1　人体のスケール　……………………………　36
4.2　姿勢と人体寸法　……………………………　38
4.3　動　　作　……………………………………　40
4.4　椅子と机　……………………………………　42
4.5　階　　段　……………………………………　44
4 章の問題　………………………………………　46

第 5 章　動　　作　　47
5.1　人の出す力　…………………………………　48
5.2　エネルギー代謝　……………………………　50
5.3　操　　作　……………………………………　52
5.4　誰でも迷わないデザイン　…………………　54
5.5　動作のステレオタイプ　……………………　56
5 章の問題　………………………………………　58

第 6 章　人間の多様性　　59
6.1　平均・上限・下限・パーセンタイル　……　60
6.2　エイジング　…………………………………　62
6.3　人間の多様性　………………………………　64
6.4　さまざまなハンディキャップ　……………　66
6.5　バリアフリー環境デザイン，ユニバーサルデザイン　………　68
6 章の問題　………………………………………　70

第 7 章　人間のまわりの見えない空間　　71
7.1　かくれた次元：目に見えない人体寸法　…　72
7.2　パーソナルスペース　………………………　74
7.3　コミュニケーションと距離　………………　76
7.4　ソシオペタル・ソシオフーガル　…………　78
7.5　指示代名詞コレ・ソレ・アレと空間との対応　………　80
7 章の問題　………………………………………　82

第8章　集団，社会，プライバシー　　83

- 8.1　テリトリー　　84
- 8.2　ディフェンシブルスペース　　86
- 8.3　プライバシー，混み合い　　88
- [コラム]　環境心理学／環境行動研究　　90
- 8章の問題　　92

第9章　視覚によりとらえられる人間のまわりの空間　　93

- 9.1　視野・視力　　94
- 9.2　弁別，マジカルナンバー7　　96
- 9.3　視認距離　　98
- [コラム]　イームズのPowers of Ten　　98
- 9.4　見下ろしの空間　　100
- 9.5　見上げの空間，D/H　　102
- 9章の問題　　104

第10章　空間の感覚　　105

- 10.1　3次元空間としての建築空間　　106
- 10.2　天井高の感覚　　108
- 10.3　空間から感じる感覚のとらえ方　　110
- 10.4　開放感・閉鎖感　　112
- 10.5　空間の容積感　　114
- 10章の問題　　116

第11章　行動によりとらえられる空間　　117

- 11.1　移動・歩行・動線　　118
- 11.2　歩行の特性・くせ　　120
- 11.3　ウェイファインディング　　122
- 11.4　サインシステム　　124
- 11.5　多人数の歩行・群集行動　　126
- 11章の問題　　128

目次　ix

第12章　記憶，認知の中の空間　129
- 12.1　一望できない空間の認知 ……………………… 130
- 12.2　イメージのゆがみ ……………………………… 132
- 12.3　環境の空間的イメージ ………………………… 134
- 12.4　5つのエレメント ……………………………… 136
- 12.5　生活領域 ………………………………………… 138
- 12章の問題 …………………………………………… 140

第13章　デザイン　141
- 13.1　かたちがつくられること・デザイン ………… 142
- 13.2　理論と設計 ……………………………………… 144
- 13.3　建築デザインプロセス ………………………… 146
- 13.4　エスキスのプロセス …………………………… 148
- コラム　設計競技（コンペ）方式とプロポーザル方式 ………… 148
- 13.5　デザインのシステム …………………………… 150
- 13章の問題 …………………………………………… 152

参考文献　153

図表典拠　154

索引　160

1 人間・環境・空間・建築

　我々はいつも建築空間と共に生活している．住宅，学校，職場など，室内にいるときはもちろん，外へ出てもたくさんの建物がある．建築がなくなったらどうなるか？　そんなことは考えたこともないかも知れない．我々はそのような生活にとって欠かせない建築を計画しつくろうとしているのである．
　ところで建築とは何であろうか．人間にとって，生活にとって建築とは何であろうか．我々人間は地球上の豊かな環境の中で環境から様々な恵みを受けて生活している．建築は空間をつくることによって，そのような人間にとって切っても切れない環境の一部をつくっているのである．

> **1章で学ぶ概念・キーワード**
> - 建築，空間
> - 人間
> - 環境

1.1 建築・空間

　建築とは何であろうか？　真っ先に外観を思い浮かべていませんか？　建築を設計するということは外観の美しい，あるいは新奇な建物をデザインすることととらえられ，建築家とはそのような建物のデザインをする人ととらえていませんか？

　名建築といわれるものの外観は魅力的である．しかし建築にとって外観はすべてではなく，むしろあまり重要ではない部分かもしれない．そのことはひとたび建築の内部に入ってみればわかる．そこには外観より素晴らしい空間がある．

　建築の本質は外観ではない．内部に空間があることである．その空間が日常の人間生活の場，人間が生活する環境を作っているのである．それが最も重要なことである．

　建築と人間の関わりは，絵画や彫刻を見るなどという単に見るものと見る対象という関係ではない．空間は五感すべてを用い体全体で感じるいわば「体験」する対象である．建築空間のデザインは体験の可能性をデザインすることであるといえる．建築のデザインは美しさをデザインするだけではない．空間をデザインすることによって，そこで行動・生活する人々の可能性を拓くのである．

　我々は木材，石，鉄，コンクリートなどの材料を用い建築物をつくっている（図面で黒く塗る部分）．しかし人間にとって本当に重要なのは，そのような建築材料によって造られる構造躯体ではなく，それによって囲まれ包まれる空間なのである（図面で黒く塗らない部分）．

　人々が安心して快適で豊かな生活ができる空間をつくる，しかもそれが美しく，文化を築く社会的資産となる，そのためには，何を考え，どのようにつくればよいか，それが建築計画である．

1.1 建築・空間　　3

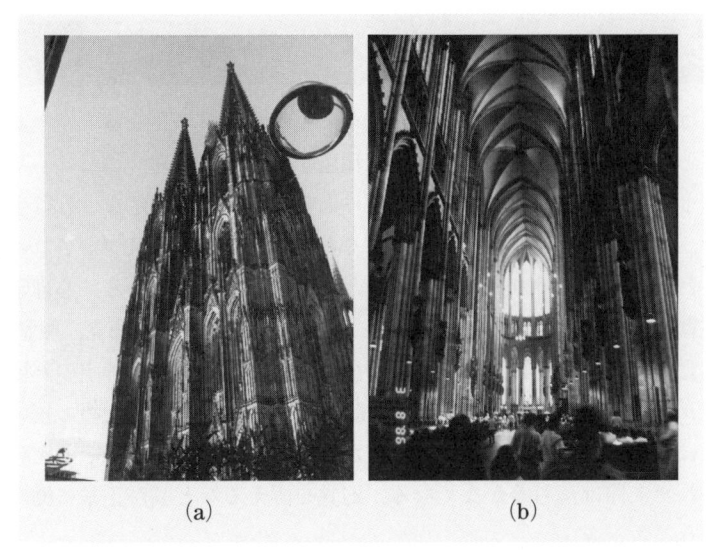

図 1.1　(a) ケルン大聖堂外観，(b) ケルン大聖堂内部

図 1.2　(a) 東京カテドラル外観，(b) 東京カテドラル内部

1.2 人間・環境

　建築は空間をつくる．その空間は人々の生活する環境となる．すなわち建築は空間というかたちで人間の生活する環境をつくっている．

　人間と環境は切っても切れない関係にある．人間は環境がなければ生きてゆけない．そのことは環境との関係がなくなってみて初めて気づかされる．それは魚にとって水がなければならないのと同じようなものである．心理学の分野で「**感覚遮断実験**」という実験がある．それは人間を視覚，聴覚，触覚，嗅覚，温度感覚など主な感覚に対して刺激が全くないように，温度一定の部屋の柔らかいベッドに寝かせ，目隠しをつけ，肘から先に触覚を遮るための覆いをつけた状態にして何時間もおくとどうなるかを調べるものである．その実験で感覚を奪われた人間は落ち着かなくなる，幻覚を訴えるなど脳が正常に働かなくなるという．

　そのような外界からの感覚を遮断された状況では人間は正常には生きてゆけない．環境は人間に相対し，取り囲み，いろいろな刺激・情報を与え，人間はそれらを感じ，環境と相互に作用し合ってこそ正常に生きてゆけるのである．人間は裸の肉体だけで生きているのではないし，孤独で生きてゆけるのでもない．とりまく環境ととりまく他の人々と共に生きているのである．

1.2 人間・環境

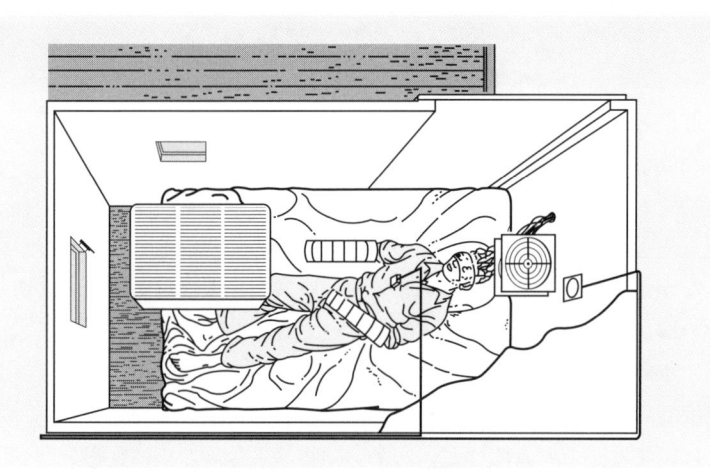

図 1.3 感覚遮断実験[1]

図 1.4 豊かな地球環境

人間は人間に働きかける刺激にあふれた豊かな環境の中で生きている．

1.3 人間にとっての環境

　人間にとっての環境とは何か．
　他の動植物を見てみよう．
　植物である木は，根を張り水を得て，葉を拡げ光を浴び空気に触れる．水も空気も光も生きるために必要であり，木は自ら動かなくてもそれらが得られるようなかたちとなっている．そして水，空気，光を提供する環境は切っても切れない関係にあり，木の体の一部ともいえる．
　魚は水の中を泳ぎ，鰓(えら)に水を通して酸素を得て，食物を得る．魚はそのために相応しいかたちをしている．魚は水の中でしか生きていけない．
　では動物としての人間はどうか？　動物は生きるために食物を食べ，水を飲まなければならない．食物や水は環境の中にある．動物は環境の中を動いて生きるための様々な資源を得なければならない．
　さらに知的動物としての人間は，飲み食いするだけでなく，情報を得て，人々と交流し，文化的生活を送らなければならない．それらもすべて環境の中にある．
　このように人間は身のまわりの空間である環境にあるさまざまなものに依存して生きなければならない．これらは建築がつくる空間にある．

1.3 人間にとっての環境　　　7

図 1.5　人間の生きるかたち

1.4 生活を支える都市・地域・環境

人は1人では生きていけない．

人は多くの人々と関わりをもち，共に社会生活をしている．

現在，文化は成熟し，様々な技術が発達している．人々は1つの建築だけでない，多くの機能に依存し，多くの建築空間に支えられている．1日だけをとってみても人々は様々な構築された環境を履歴している．

その中でも**住宅**は最も重要な構築環境である．

かつては人々は住宅で生まれ，学び，働き，死んだ．

しかし今では，病院で生まれ，学校で学び，オフィスや工場で働き，病院で死ぬなど，多くの行為はそれぞれに対応したさまざまな施設で行われる．

住宅を考えることは，人間，生活，社会，文化を考えることとなる．

また，**施設**は社会の制度の具現化されたものでもあり，それが支えられる背景がある．

学校，病院，様々な施設はそれぞれの枠組みの中で，独自の展開をすることになる．そもそも施設とは何なのか，どのような経緯で施設が誕生し，社会の変化に応じて変化してきたのかを理解する必要がある．

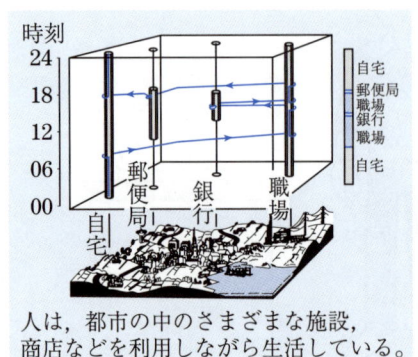

図 1.6 個人の1日の行動 [2]

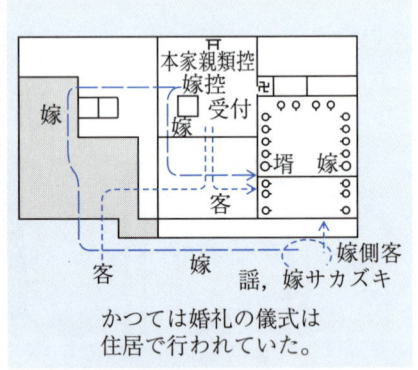

図 1.7 婚礼時の住居の使い方 [3]

1.4 生活を支える都市・地域・環境

表 1.1 住宅地の生活施設 [4]

段階構成 施設系統	近隣グループ G 50〜200 戸	近隣分区 $A = nG$ 5,000 人	近隣住区 $N = 2A$ 10,000 人	中学住区 $D = 2〜3N$ 20,000〜30,000 人	地区 $D = 3〜5N$ 30,000〜50,000 人	全地区 $Z = 3D$ 150,000 人
学校教育		低学年小学校+幼稚園	高学年小学校	中学校		高等学校
社会教育		集会所		図書館分室クラブ	コミュニティセンター	
医療・保険		地区診療所		診療所 保健所出張所	地区病院 保健所支所	中央病院 保健所
社会福祉				託児所		
公園, レクリエーション	プレイロット 幼児公園	児童公園	近隣公園	スポーツクラブ	地区公園	周辺緑地
購買			マーケット 店舗群 公衆浴場		マーケットまたはデパート 商店街	
娯楽					映画館 興業場	
業務					銀行 一般事務所	
行政・管理		警官派出所			市役所出張所, 警察署, 消防署	
公益サービス施設		住宅管理事務所・郵便局			住宅サービスセンター 郵便局, 電話局 電力・ガス・水道サービスステーション	
交通	バスストップ(駐車場)				バスセンター鉄道駅	バス車庫
サービス・工業						ホームインダストリー 建設業, 他

住戸が集まって近隣グループが形成され, それがいくつか集まって近隣分区がつくられ, 近隣分区が 2 つ集まり近隣住区がつくられる. 都市全地区はそのように段階的につくられている. 都市を構成する単位にはそれぞれの段階ごとに必要とされる施設がある.

1章の問題

☐ **1** あなたは，今どのような空間の中にいるか？ 大きさ，かたち，光の入り方などはどのようになっているか？ 記述してみよう．

☐ **2** あなたが，現在までの1時間の間にどのような空間を体験したか？ 記述してみよう．

☐ **3** あなたが，今日1日の間にどのような空間を体験したか？ 記述してみよう．

☐ **4** あなたが，生まれてから今までの間にどのような空間を体験したか？ 住宅，学校など，主要なものを記述してみよう．

2 建築計画のはじまり

　建築は誰によってどのようにしてつくられているだろうか？
　我々の生活，社会は進化している．建築は高度になり，現代では1人の人がすべてをつくるわけではなく，多くの人々によってつくられる．また技術だけではない，広い視野から多くの叡知を集めて，現代社会に相応しい様々な役割をもつ建築をつくる必要がある．求められるニーズに応える建築を計画し，つくる，そのために建築計画の役割があるのである．

> **2章で学ぶ概念・キーワード**
> - 構法，建築計画
> - 施設，制度
> - 標準化・工業化

2.1 建築の起源

　原始の時代，ヒトは自然の環境の中から自分が生活できる場を見出し，そこを使うことによって生活してきた．それが進歩して，より生活しやすいように環境に手を加え整えるというかたちで自然環境を自分たちの生活できる環境となるように切り拓いてきた．そして技術の発展により，自分の使いたいかたちの建築というものを築くようになった（図2.1〜2.4）．

　原始的な建築においても計画やデザインがなかったわけではないであろう．無意識のうちにも使いやすく美しいデザインがなされ，長い歴史の蓄積の中で，意識されたデザインというよりも使えるものが残りそれが継承されてきたというべきであろう．

　そこから意図をもった**デザイン**という行為が出現する．人々は工夫をすればよりよい環境を得られることを覚えた．あるいは何かの機会で体験した環境のよさを覚え，それを取り入れてデザインすることを覚えた．よりアクティブにデザインすること，その基礎となる考え方が「**計画**」である．そこには新しい行動スタイル，ライフスタイルの可能性に応えるという要求があったであろう．

　計画することによって何が得られるか．そのことが理解されることにより，計画の役割は人々に認識されることになるであろう．

2.1 建築の起源

図 2.1　建築のはじまり
（ロージェの原初の小屋）
ロージェが 18 世紀に著した「建築論」の口絵．この原初の小屋は，様式建築に反し，柱と梁による合理的な建築の原型として示されている．

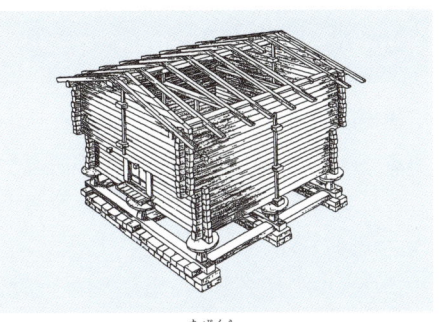

図 2.2　校倉(あぜくら)構法 [1]
木を横に組んで壁をつくる．

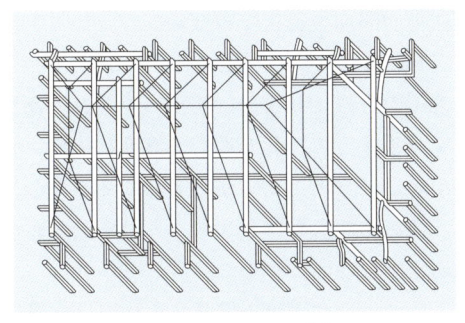

図 2.3　軸組構法 [2]
柱・梁で構造をつくる．

図 2.4　石造ドーム [3]（安藤邦廣）
石を積んで壁・屋根をつくる．

2.2 分業・専門化

建築は瞬間に生まれるものではなく，長い時間をかけてつくられ，その過程，あるいはつくられた後も，多くの関わりをつくる．そこには多くの人がつくることに関わるし，利用する人々，管理する人々，影響を受ける人々など多くの人々が関わる．

また1つの建築をつくることはそれだけにとどまらず，多くのいろいろな関係——周辺の環境，居住者や関わる人々，物品，家具やインテリアとの関係など——をつくり出している．

そして必要な大きさをもつスケールの空間を実現するためには建築を支える技術的問題を無視できない．

1人の「動物としてのヒト」が「自らの巣をつくる」という状況から進化し，多くの人により手分けしてつくられる建築となる．それが高度化，複雑化と共に分業化，専門化が進む．高度に専門・分業化した中で，設計者，生産者，利用者というとらえ方が必要になる．そして仕事は専門化，高度化する．

建築空間も専門化する．各種それぞれの専門の用途をもった施設がつくられるようになる．

このように建築を取り巻く状況は専門分化が進み，つくる人，使う人の分離，さまざまな専門家の出現している状況にあるといえる．

これにより，使う人がデザインしつくるプロセスに参加しないことが通常のこととなっている．そのためつくる側の人々が必ずしも使う人のことを理解しないまま建築をつくるという事態が多くなってきた．しかしよりよい建築環境を目指す以上，つくる側が使う人々および使われ方を理解する必要がある．これが**建築計画**であり，その役割が専門化する．

建築計画では，人々の需要の把握が基本である．それも経験や勘によるのではなく，客観的，実証的，合理的根拠に基づいて把握し，計画に生かせるかたちとすること，それをデザイン理論として専門化すること，それが建築計画である．基本的には**住み方**，**使われ方**を調査し，人々の潜在的なニーズを把握し，問題点を把握し，次の計画に生かしてゆくものである．また人間，生活，社会などを建築の観点から理解するものである．

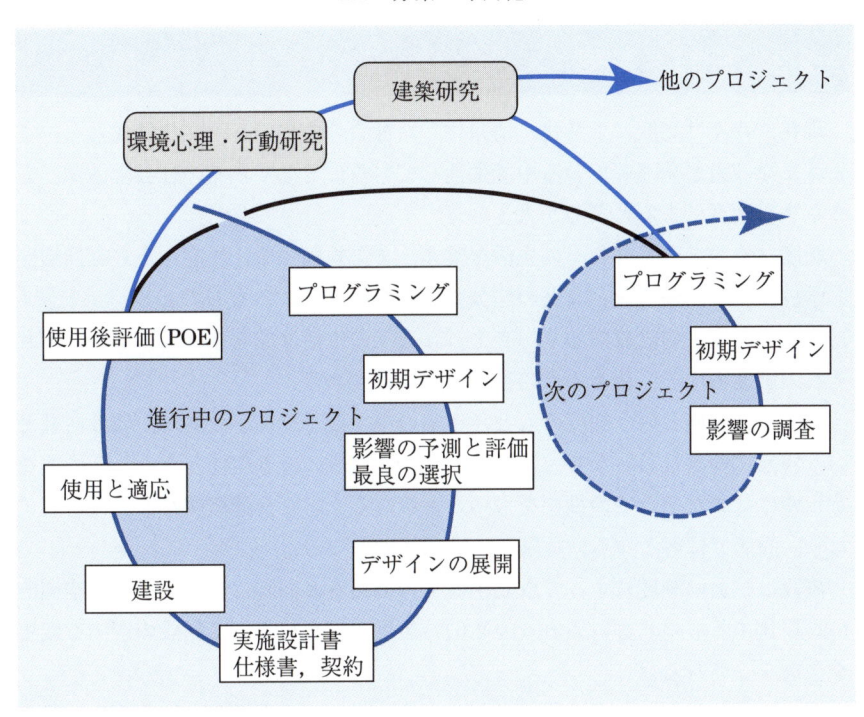

図 2.5 環境デザインのサイクルと研究がもたらす情報の関係（ツァイゼルをもとに作成）[4]

1つのプロジェクトが終わると，その使用後評価（POE）が行われ，その結果は直接，あるいは研究的にまとめられ，次のプロジェクトに生かされる．

2.3 施設・制度

現在，我々は高度に工業化，情報化した社会の中にいる．文化は成熟し，さまざまな技術が発達している中で生活している．そして我々の社会生活は，さまざまな制度によるところが大きい．

制度は**施設**をつくり我々の生活を支え，また規制する．住宅も道も交通機関も学校，企業，商店などなどの諸公共施設も制度によるものである．

多くの制度・施設に関わり，支えられ人々の生活は成り立っているが，それぞれの制度の中で，個々の人の役割や立場は変わる．

例えば，家族という制度のもと，住宅の中で親子であった者が，親は会社という施設にゆき社員となり，子は学校という施設にゆき生徒となる．別の塾などにゆけばまたそこでの役割をもつことになる．また交通機関などでは乗客になり，商店では客となる．病院へゆけば患者となる．

施設は社会の制度によって成立するものであると同時に施設は制度を空間的に具現化するものともいえる（図2.6）．制度の変化によって施設の空間も変更を余儀なくされる．

福祉施設，病院，全寮制学校などのように，人々の生活を丸抱えする施設もある（図2.7）．ここでは時間割などにより入所する人々の時間・空間すべてが統制される．

2.3 施設・制度

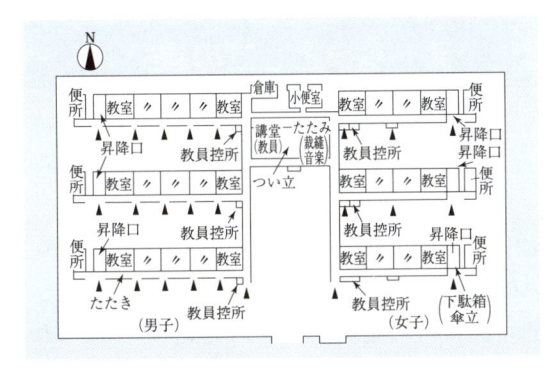

図 2.6 唐津小学校[5]
（佐賀県唐津市，1901年，辰野金吾）

南側に廊下をとり昇降口はあるが男子の教室群の方は特に廊下から前面の庭に出られるようになっている．中央に裁縫や音楽のための畳敷きの教室がある．

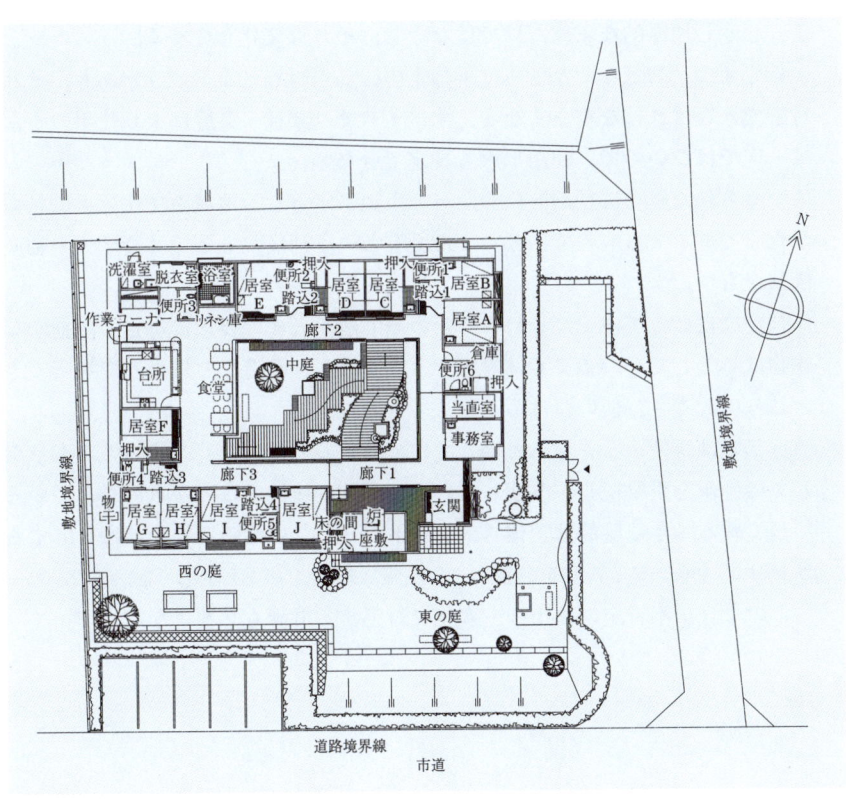

図 2.7 認知症高齢者グループホーム こもれびの家[6]

2.4 標準化・工業化・ストックとしての建築

　つくられる建築は1人の人間と1対1対応する一品生産に限らず，多数の人々に対応する建築がつくられる．人々も特定の利用者から不特定多数の利用者となる．

　設計の**標準化**，生産の**工業化**によって効率よい生産が可能になる．しかし一方使う人と必ずしも合っていないものがつくられることにもなる．

　集合住宅やいわゆる建て売り住宅は不特定多数の利用を想定してつくられる．しかしここではある種の標準的な家族の標準的な生活像が想定されて設計される．しかし標準的な家族だけではないし，それも変化してゆく．

　貸しオフィスとなるとさらに不特定の行為が行われる可能性があり，それに対応できなければならなくなる．オフィスでは業種・業態により仕事のかたちは一定ではないので，使用形態も特定できない．

　つくられた建物は長期間にわたって土地に定着し，地域の文化を目に見えるかたちで継承するものであり，また所有という制度のもとでは資産・不動産的価値をもつ．

　社会は変わってゆく．その中で変わってゆく人々の要求に対して，動かない建物は時としてそのままでは対応できなくなる．改造などによって対応できるところは改変され使い続けることもできる．

　近年では，使えなくなると壊して建て替えるのではなく，建物の**ストック**としての価値を重要視し，改変しながらでも使い続けることが求められている．

　長く残るべき基盤的構造体（**スケルトン**）と，生活の変化などに対応するインテリア（**インフィル**）を分離し，2段階に供給する**SI住宅**も試みられている．

　このように不特定の利用や，変化に対応する計画も必要になる．

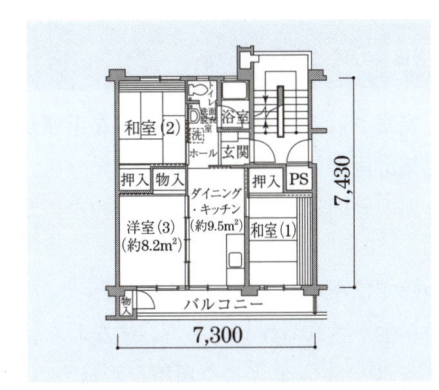

2.4 標準化・工業化・ストックとしての建築   19

図 2.8 3DK の標準設計 [7]

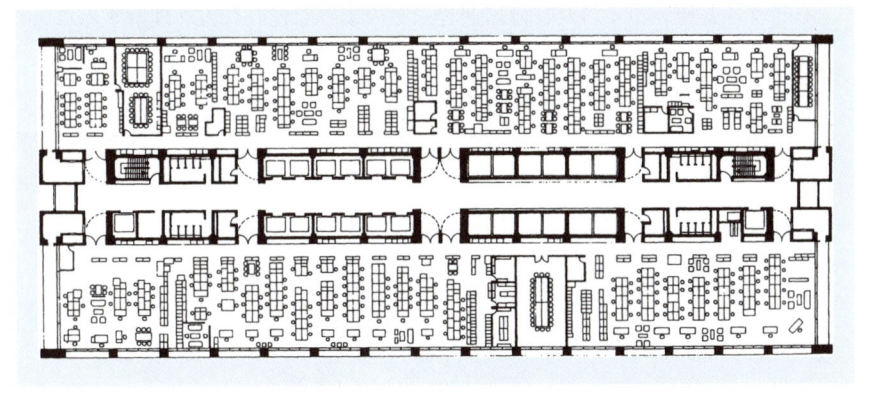

図 2.9 オフィスの平面 [8]

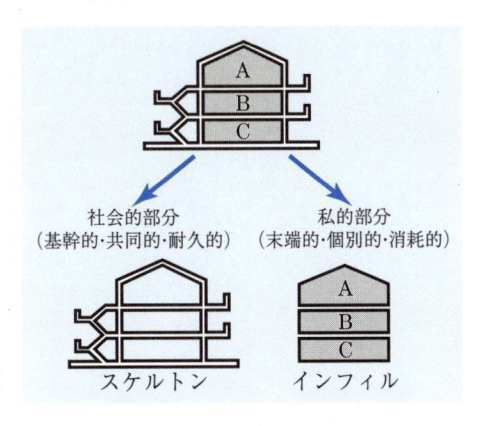

図 2.10 2段階供給の考え方 [9]

2.5 建築のつくられるプロセス

　通常，建築が企画され，つくられ，廃棄されるまで表 2.1 のような手順が踏まれる．一般にこのプロセスの中で建築計画が位置づけられている．

　このようなプロセスの中で，建築計画の範囲は，必ずしもこの枠の中にとどまるものではなくなりつつある．

　建築は竣工時にすべてが完成するわけではない．竣工後も人々にとっての環境は形成されつつある．つくられてから生かされる建築もある．すなわち使用開始後の使い込み，つくり込みによってより生き生きした環境が形成される，そうすると使いつくられ続ける過程，そのような使われ方を理解することが必要となってくる．

　人々の住み方や使い方を理解し，問題点を抽出し，それを改善して次の計画に生かしてゆく，それが建築計画の基本的な考え方である．それを次の計画に生かすだけでなく，今の使い方自体を考えることも重要となる．使われ方そのものも環境形成行動であり，建築計画の対象となるべきであろう．

2.5 建築のつくられるプロセス

表 2.1 建築がつくられ，使われるプロセス

プロセス	内容
企画・計画	目的・意図，現状分析，事業策定，採算計画，規模分析，敷地選定，面積規模計画，動線計画，安全計画,配置計画，ブロックプラン，寸法計画，材料計画，設備計画，構法計画，運営計画
設計	図面，仕様書，計算書，基本設計，実施設計，設計見積り
申請	建築基準法，確認申請
発注	直営，請負，実費生産，入札
施工	建築工事，設備工事，外構工事，工事管理，設計監理
検査・調査	建物使用許可，引き渡し，瑕疵
使用・維持保全	改装・増改築，**FM**
解体・廃棄・再利用	地球環境問題，環境マネジメントシステム

2章の問題

☐ **1** 自分の呼び方が，いる場所・施設によってどのように変わるか，1日を例にとって調べてみよう．その場所・施設はどのようなものか，そこでの自分の役割は何か．
　[例]　自宅：長男，道：歩行者，電車：乗客，学校：学生，バイト先：店員，など．

☐ **2** 学校と刑務所の類似点と相違点を調べてみよう．

☐ **3** 築40年程度以上経過した建物を調べ，どのように変わってきたか，用途の変更があった場合，模様替えや改築などのように対応したか調べてみよう．

3 建築計画の意義

　建築は，社会・時代と大きな関わりをもつ．建築は単に雨露をしのぐことができ壊れなければよいという時代ではない．真に現代の文化的な人間生活ができるための建築が求められる．
　人間が人間らしく生活できる環境，そのためには何を考える必要があるか．まずは人間の生活，行動をよく理解する必要がある．しかしそれは簡単にできることではない．人々は長い歴史を積み重ね街を築き上げてきた．そこから真に人間が人間らしく生活できる環境を見習う必要もあるのである．

3章で学ぶ概念・キーワード
- 人間的な環境
- 文化
- 住み心地よい環境

3.1 近代以前・近代・合理主義

　原始の時代の建築は，雨露をしのぎ，外敵から守ることができ，それに十分に壊れない構造があればよかったであろう．人々は木を組み，あるいは石を積み上げて人間の住める空間を築き上げてきた．生活の場を覆い包むことができる大きさの空間をつくること，それが風雨に耐えることは，必ずしも簡単にできることではない．その時点で使える材料や技術に支えられている（図3.1）．

　技術の進歩は多くのできなかったことを可能にしてきた．人々の生活は文明の進化により，豊かになった．建築は単に雨露をしのぐだけでなく，豊かで快適な生活が求められるようになる．

　また，建築は権威の象徴ともなる．権力者の建物，神殿などがつくられた．それは権威を表すものであり，社会制度が反映されたものともいえる（図3.2,図3.3）．

　そして建築は芸術作品の1つでもある．それは芸術でもあり文化でもあり，人々に受け継がれてきたものなのである．

　近代以降，建物は人々のためにある．神のためでも特権階級のためでもない．様式や因習にとらわれることもない．

　ヴィトルヴィウスは，強さ（firmitas），用（utilitas），美（venustas）の理が保たれるように建築されるべきであるとした（建築十書，参考文献 [1]）．この3点は現代にも通じるであろう．すなわち構造理論（耐久性），計画理論（機能性），造形理論（芸術性）である．

　建築の重要な役割は，我々人間にとって日常的で最も基本的な生活の場であるということである（図3.4）．

　その生活の場としての建築空間を人々の視点から考え，そのために人間を理解し，建築のあるべき姿を考えることが求められる．

3.1 近代以前・近代・合理主義

図 3.1 家の基本的概念成立
- 天候，自然条件から守る
- 外敵から守る

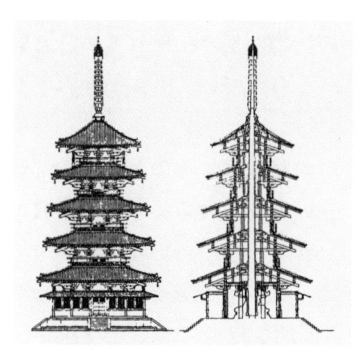

図 3.2 法隆寺の五重の塔 [1]

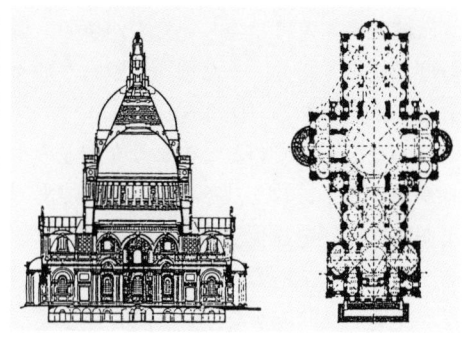

図 3.3 セントポール大聖堂 [2]

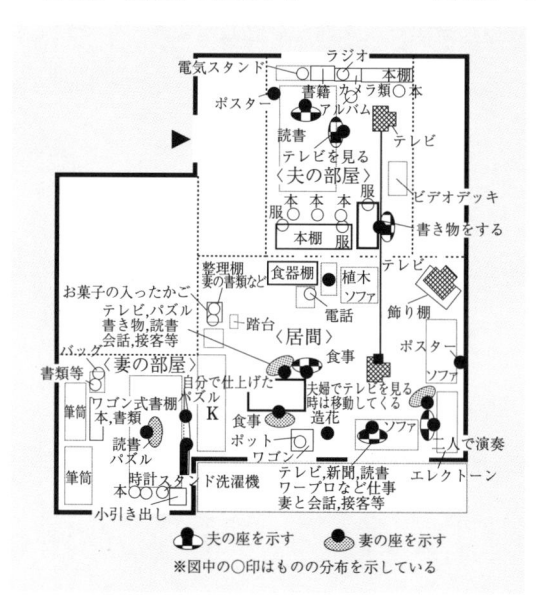

図 3.4 人々の生活を支える環境としての建築空間 [3]

高齢者夫婦のそれぞれの個室と居間における 2 人あるいは 1 人のときの過ごし方とその場．人々の生活はさまざまな行為によって成り立つ．建築空間はそれらが行われる場を提供する．

3.2 人間的な環境

　バイオリンのような優れた楽器の中には，特定の才能あるデザイナーがデザインしたわけではなくても，美しく，使いやすく，美しい音を奏でることができるものがある（図 3.5）．

　建築にも，才能あるデザイナーがデザインしたものではなくても（あるいは不詳であっても）美しい物がある．

　伝統的街並みには美しいものが多い．個々の建物が個々に優れているというわけではなくても，また個々の建物が別々につくられていても，街並みとして美しいものがある（図 3.6）．

　長い歴史を経ているこのような街並みや下町の路地は，そのどこかの部分を誰かがデザインした，その積み重ねである．長い時間を経て築き上げられた建築空間には歴史と生活の厚みが感じられ，それが美となっている．

　一方，ニュータウンのように計画されて一時につくられた建築環境にはそのような時間的な厚みがなく，無機的でしばしば人間的な視点を欠くものさえある．

　そのようなニュータウンでも数十年を経たものには，樹木も育ち，増改築が加えられ，建設当時には感じられなかった人間性を感じるようになったものもある（図 3.7）．

3.2 人間的な環境　　　　　　　　27

図 3.5　バイオリン [4]

図 3.6　奈良井宿の街並み [5]

図 3.7　千里ニュータウン [6]

3.3 計画された環境

　ニュータウン，大規模住宅団地の開発などは近代の思想に基づいて，理想的な住環境をまっさらの敷地の上に具現化したものといえる．

　初期の構想で目指されたものは，近代の目標の実現といえるであろう．住戸は近代生活が可能なプランとなっていて，近代的な設備が備えられている．各住戸は平等に太陽の光を浴び，風が住戸を流れる．

　そのために住棟は東西方向に配置し，住戸が南に向くようにする．住棟はきちんと平行に並べ，隣棟間隔を十分にあける．そのために敷地内いっぱいに均質に平行に住棟が並んだ街がつくられる．

　また理想に基づく街づくりはしばしば自然環境を征服するように土地を平らにならし，実現された．

　車と人はきちんと整理されている．

　このようにしてつくられた均質で単調な街は，機能的には必要十分であり問題ない理想の街かもしれないが，人間の観点を欠いてはいないだろうか？

　図 3.8 は東京郊外のある団地である．ここが人間的な環境といえるであろうか？

　ここに住む人はただ沢山住棟が並ぶ街ととらえている（12 章図 12.10 参照）．

　このような街では，自分の住戸をどのように覚えるであろうか．何号棟何号室，数字だけが頼りになる．何でもかんでも数字に頼らなければならないような街は人間的とはいえないであろう．

　これに対する反省から，住戸は適当な数でグルーピングするとか，住棟配置も平行だけでなく，囲みや変形を取り入れ景観的に変化をつけるようになった（図 3.9）．

3.3 計画された環境

図 3.8 草加松原団地 [7]

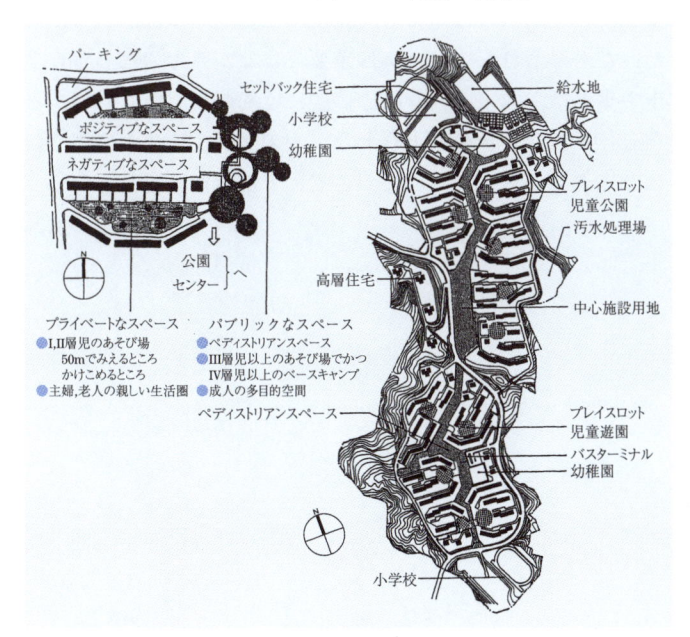

図 3.9 百草団地 [8]

3.4 自然発生的な環境

図 3.10 は東京・菊坂の路地である．関東大震災と戦災を逃れたこの路地には何か人間的なものを感じる．

路地には井戸があり，数戸の住まいが面している．そのスケールは決して広すぎず，また住まいが開放的に面していることは，人の気配を感じさせよそ者の侵入を難しくしている．きちんと手入れされた植木鉢がおかれていることは，育てている人の存在と人柄を示すものであり，また手入れのために人が路地に出てくることを示す．井戸はかつては共同の水場であり，この路地が居住者にとっての必要な共用空間であったことの名残である．

路地は公道につながっているが，居住者にとって共有の空間であり，生活の場であり，全くの公の空間とは異なっている．

ここには近代で切り捨てられた人間性，人間らしさが残っていて，その潜在的な重要性を示しているといえる．

コミュニティのまとまりや，人の目による防犯性は近代以降の価値観ではあまり重要視されなかったかもしれないが，実は重要ではなかったのだろうか？

アジアなどの都市や集落は，本来，西欧的価値観には基づかないものである（図 3.11）．西欧的価値観や近代の価値観と合わないものが近代化の中で切り捨てられた．その中には真の人間らしさにつながるものもあったのではないか．

3.4 自然発生的な環境

図 3.10 菊坂の路地（東京）

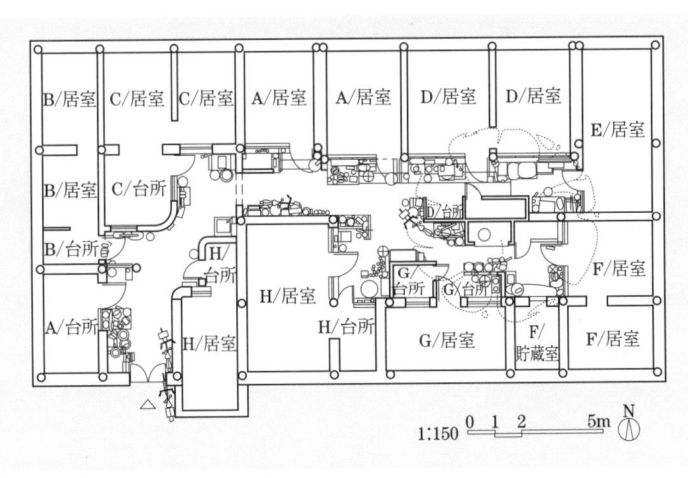

図 3.11 中国北京四合院（中国の路地）[9]

3.5　文化，歴史，住み心地よい環境

　我々が求める快適な居住環境は，快適な温度，光，音などに調整されるなど，環境工学的な諸条件が整えられること，それを実現するための設備，あるいはインフラの整備が求められる．しかしそれだけで十分とはいえない．

　生活を楽しくする，よい人間づきあいができることなども欠かせない条件である．物的な条件だけではなく，人間・社会的な条件も求められるのである．

　長い時間を経た都市・地域にはそれらのための条件がそろっているといえる．

　道路やインフラだけでなく，学校，医療，福祉，商店，娯楽などなど，さまざまな施設がそろい，よき住民がいて，よきコミュニティがある．そのような環境が求められる．歴史と文化がある環境といってもよいかもしれない．

　住みたいと思う居住地がどのようなところか調べてみればわかるであろう．いわゆるブランドとしての価値の高いところもあるが，それだけではない．

　それに対し，新しくできる人工の街，ニュータウンなどは，建物としての施設はそろえるにしても，そこに入る人々は全く新しく入る人々である．真によいコミュニティとなるためには時間がかかることになる．建築計画としてそのための配慮が求められるのである．

3.5 文化，歴史，住み心地よい環境

図 3.12 成熟した街

3章の問題

☐ **1** あなたが住んでみたいと思う地域について，どのような住みたいと思う条件がそろっているか調べてみよう．

☐ **2** あなたには，自分らしく居られる場所として，どのような居場所があるか考えてみよう．自宅にいるときはどうか？

☐ **3** 自分1人の時間を過ごそうとしたら，学校（社会人ならは職場）にはどのような居場所があるか考えてみよう．

☐ **4** 自宅でも学校（社会人ならは職場）でもない，あなたにとって第3の居場所はあるだろうか．あるとすればどこか？

4 人　　体

　建築は空間をつくる．その建築空間は人間生活の場となる．建築空間の大きさは人間生活と等しい大きさであることが求められる．
　建築空間の主役となるのは人間である．まず自らを知らなければならない．
　ここでは基本となる人間，人体の大きさと形，人体に触れる家具などとの関係を理解しよう．

> **4章で学ぶ概念・キーワード**
> - 姿勢，人体寸法
> - 動作
> - 家具
> - 階段

第 4 章 人　　体

4.1　人体のスケール

　建築は人間との関わりが切っても切れない．したがって建築空間デザインにおいては，そこで日常生活を行う人間の諸特性を理解しなければならない．その中でも，人体のスケールに関するものは基本となる．

　そもそも人体には固有のスケールがある．面積は長さの 2 乗に比例し，質量は長さの 3 乗に比例する．もし人間のプロポーションを変えずに身長を 2 倍にすれば，体重は 8 倍になるが，脚の断面積は 4 倍にしかならないので重い体重を支えきれなくなる．支えようとすれば脚の断面積はさらに 2 倍程度必要なことになる．このように考えると，大きい人は必然的にずんぐりした体形が必要になるし，小さい人はスレンダーな体形で十分になる（図 4.1）．重力を受けるものの大きさやかたちは無意味に決まっているのではない．

　その人間を容れる容れ物としての建築空間は人間に基づいたスケールであることが必要である．

　古今東西を問わず，人体各部の寸法が長さの単位の基とされてきた（図 4.2）．それには物差しとしての測りやすさもあるであろうが，建築空間と人間に基づく寸法との深い関わりを示すものでもある．

　また合理的根拠があるとはいえないが，美しいものや完全なものの規範や解釈としてしばしば人体がとらえられてきた（図 4.3）．

　近代以降，神の絶対性や様式などから自由になり，主役は人間となり，近代的意味での人間の論理から，科学的合理性や機能，快適性などが追求される．それはいわゆる「**人間工学**」と呼ばれるものである．

　一般的に人間工学とは，人間の特性を解剖学・生理学・心理学などの観点から理解して，人間にとって合理的で使いやすく安全な機器・装置・環境などの設計に資することを目的とした科学・工学である．建築空間においては，より日常の社会・文化的人間生活に即した人間性を追求した人間工学が求められる．

4.1 人体のスケール

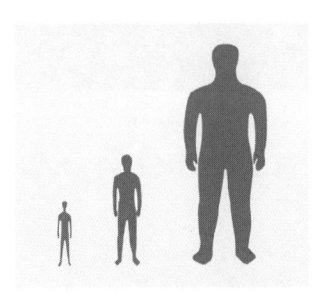

図 4.1 スケールの発生 [1]

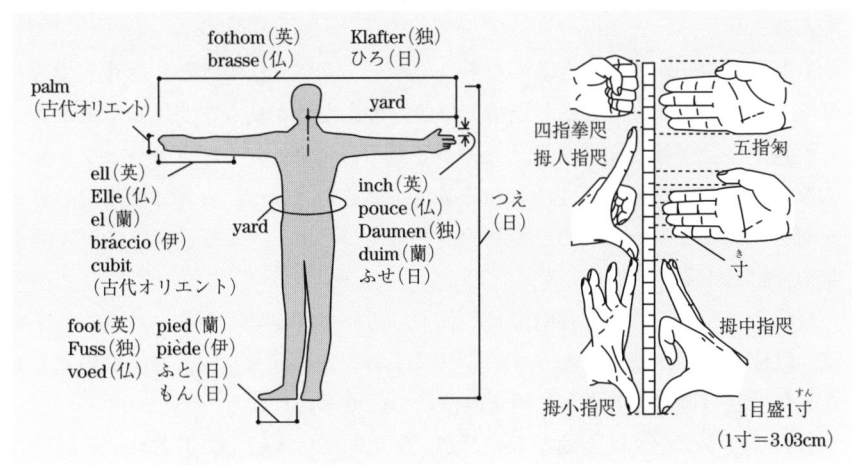

図 4.2 人体各部の寸法に基づく尺度の単位 [2]

人体各部の寸法はさまざまな長さの単位のもととなっている．地球の寸法をもととしたメートル法との違いである．

図 4.3 レオナルド・ダ・ヴィンチの人体比例の図

円や正方形など完全なもの，または黄金分割などの，人体へのあてはめによる根拠づけが行われた．

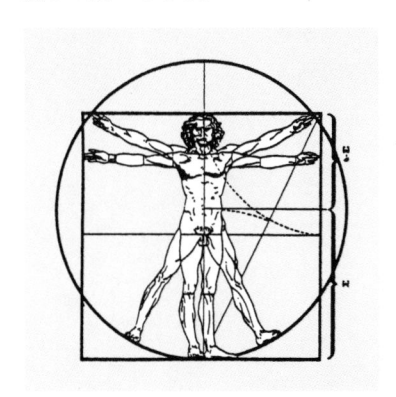

4.2 姿勢と人体寸法

建築空間の計画・デザインにおいて最も重要なことは空間の形状・寸法を決めることである．人体とその動きがどのように3次元空間を占めるか，すなわち**人体寸法・姿勢・動作**を理解することが求められる．

建築にとって必要なのは，骨の構造のような見えない部分のことではなくて，外寸となる目に見える人体の輪郭であり，それも日常生活の動きを伴ったものである．

もしユーザーが特定できるのならユーザーの人体寸法を実際に採寸して合わせるのが筋であろう．しかし建築では特定の人だけが使う空間は希である．

不特定多数が使う空間を考えたり，子供や高齢者，ハンディキャップをもつ人などさまざまな人々の寸法を知る必要があるときなど，人体寸法測定のデータが必要になる．そのために客観的規準に基づくデータを提供するのが**人間工学**の役目となる．

日常生活はいろいろな**姿勢**で行われている．生活姿勢は立位，椅座位，平座位，臥位の4つが基本となっている（図4.4）．そのうち立位，椅座位の基本的な人体寸法は図4.5のような測定部位について求められる．

このようなデータは詳細なものだが，実用的には大雑把でもおおよその目安が欲しいことが多い．人体各部の寸法は，長さ方向は身長に，横方向は体重に比例すると見なすことができることを応用して，図4.6のように身長に対する各寸法の比率の概数を示すことができる．これによりおおよその数値を略算することができる．

4.2 姿勢と人体寸法

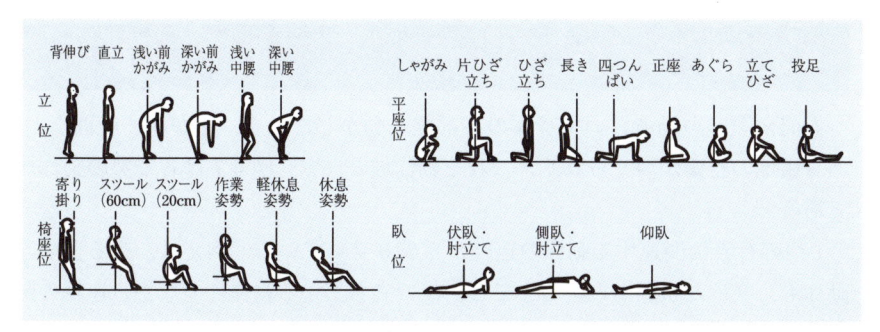

図 4.4 生活の中でとられる姿勢のいろいろ [3]

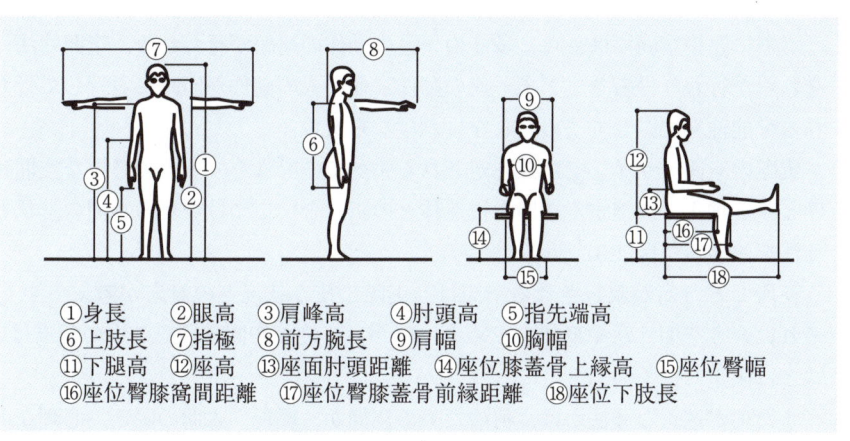

図 4.5 人体寸法の測定部位 [4]

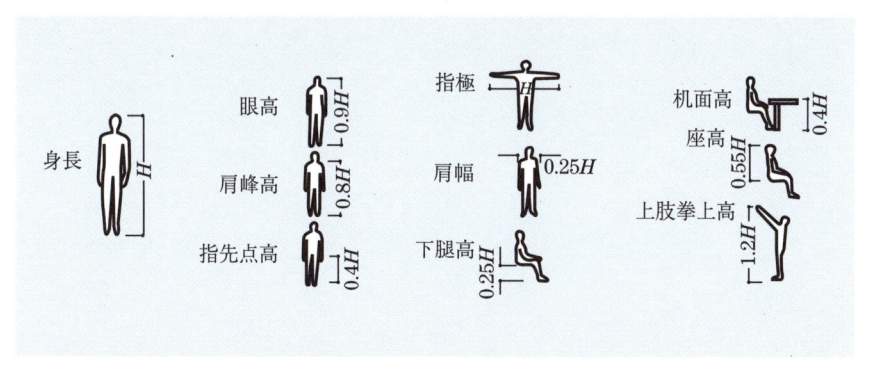

① 身長　② 眼高　③ 肩峰高　④ 肘頭高　⑤ 指先端高
⑥ 上肢長　⑦ 指極　⑧ 前方腕長　⑨ 肩幅　⑩ 胸幅
⑪ 下腿高　⑫ 座高　⑬ 座面肘頭距離　⑭ 座位膝蓋骨上縁高　⑮ 座位臀幅
⑯ 座位臀膝窩間距離　⑰ 座位臀膝蓋骨前縁距離　⑱ 座位下肢長

図 4.6 人体寸法の略算値 [5]

身長 H を基準とした人体寸法の略算値.

眼高 $0.9H$
肩峰高 $0.8H$
指先点高 $0.4H$
指極 H
肩幅 $0.25H$
下腿高 $0.25H$
机面高 $0.4H$
座高 $0.55H$
上肢拳上高 $1.2H$

4.3 動　　作

　人間が一定の場所にいて身体の各部位を動かしたとき，手が届く範囲など，ある領域の空間がつくられる．これを**動作域**という．図 4.7 は各姿勢の動作域である．

　1 つの行為は関連する動作の連続から成り立っている．例えば，座るという動作も，立った状態から座るまでと，後で立ち上がる動作につながる連続の動作の一部である．1 つの動作もそれに関連する動作すべて含めて考えなければならない（図 4.8）．

　実際に建築空間ではさらに多くの一連の動作の連続が行われる．空間寸法はそれらが行われ得るさまざま一連の動作，他の人の動作が同時に並行して行われる可能性も配慮して決められなければならない．

　実際の空間デザインでは，想定されるすべての動作をする上で必要な空間にゆとりを加え，隣接する空間や構造体との折り合いをつけながら空間の形状と寸法を決める（図 4.9）．

　便所など行為が限定される空間は，実際に使う状況との対応が考えやすく，それに合う空間寸法や形状も求めやすいが，一般の空間ではその中の行為は 1 つとは限定しにくい．

　また何が適正な寸法かは，何のための空間か，機能，人間の動き，心理などをどうとらえ，どのような状態を「よい」状態と考えるのか目的を設定しないと決められない．

4.3 動作

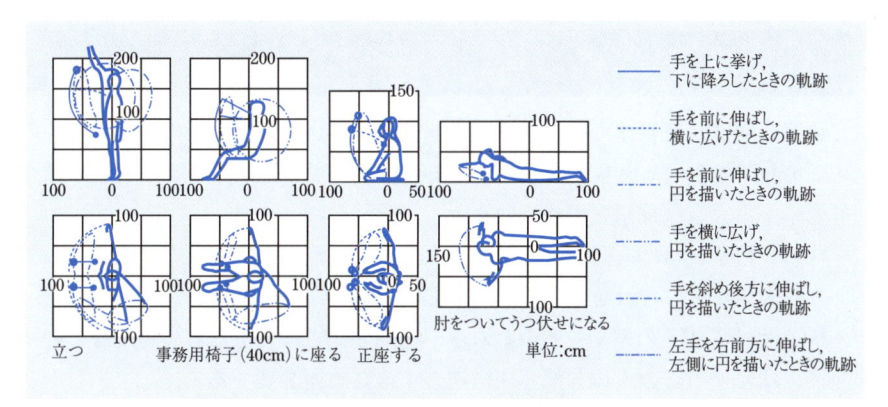

図 4.7 生活姿勢の動作域 [6]

凡例:
― 手を上に挙げ，下に降ろしたときの軌跡
‥‥ 手を前に伸ばし，横に広げたときの軌跡
― 手を前に伸ばし，円を描いたときの軌跡
― 手を横に広げ，円を描いたときの軌跡
― 手を斜め後方に伸ばし，円を描いたときの軌跡
― 左手を右前方に伸ばし，左側に円を描いたときの軌跡

（立つ／事務用椅子(40cm)に座る／正座する／肘をついてうつ伏せになる　単位:cm）

人間が一定の場所にあって各部位を動かしたとき，そこにつくられる3次元空間境域．

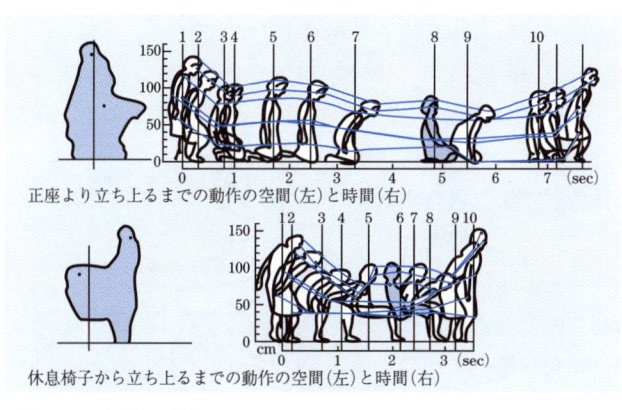

図 4.8 動作の分析と動作空間 [7]

正座より立ち上るまでの動作の空間(左)と時間(右)

休息椅子から立ち上るまでの動作の空間(左)と時間(右)

図 4.9 人間の動作に必要な空間と建築空間 [8]
（清家清研究室作成）
動作をする上で必要な空間にゆとりを加え，直方体に正規化し，構造体との折り合いをつけながら空間寸法を決める．

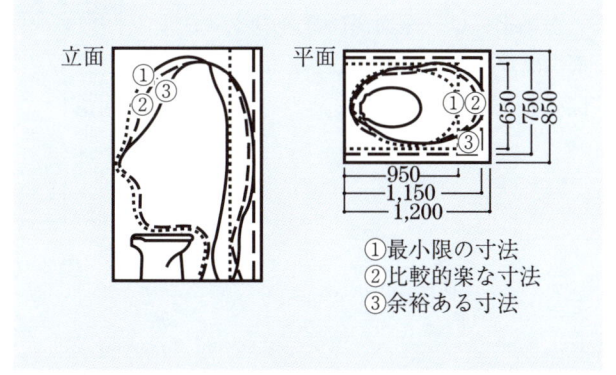

立面　平面

①最小限の寸法
②比較的楽な寸法
③余裕ある寸法

4.4 椅子と机

建築空間は構造躯体だけでは生活空間とはなり得ない．人間の生活のためのインテリアがしつらえられる必要がある．その中でも**家具**はさまざまな生活を可能にする大きな役割を担っている．

特に，**椅子**と**机**は人間が直接触れ，人体を支え，人間の作業を支えるものであり，人体寸法に合わせる必要があるものである．

椅子は，「人体系の家具」といわれる．座面の高さや背もたれの角度などの寸法・形状が使用者の人体各部寸法に適合することが必要である．

適切な椅子の寸法・形状は，使用目的によって異なる．事務用の椅子と机は，仕事のしやすさが求められ，安楽椅子は楽に休めることが求められ，それぞれを受け止める椅子の形状は異なる．図 4.12 は作業，軽作業，軽休息，休息，枕付き休息，それぞれの目的に合わせた椅子の基準寸法である．

座りやすい椅子の条件は，体重をバランスよく座面で受け止めることで，座面高さと下肢の高さが合っている必要がある．作業用椅子の座面の高さは，下肢高から 10 mm 減じた寸法がよいとされる．

机は，着座時の人体各部寸法に適合するように，天板の高さや奥行き・幅などを決める必要がある．椅子の座位基準点と机の作業面までの高さの差（差尺）は座高との関係が高い．差尺は座高の 1/3 から 10 mm 減じた寸法がよいとされる．

大雑把には，座面高は身長の 1/4，机面高は身長の 2/5 が目安となる（図 4.10，図 4.11）．

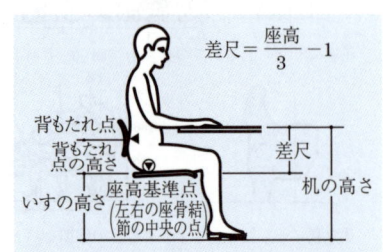

$$差尺 = \frac{座高}{3} - 1$$

身長	いすの高さ	背もたれ点の高さ	差尺	机の高さ
104	24	17	19	43
111	26	18	20	46
118	28	19	21	49
125	30	20	22	52
132	32	21	23	55
139	34	22	24	58
146	36	23	25	61
153	38	24	26	64
160	40	25	27	67
167	42	26	28	70
174	44	27	29	73

(単位：cm)

図 4.10 身長と作業用机・いすの高さ[9]

4.4 椅子と机

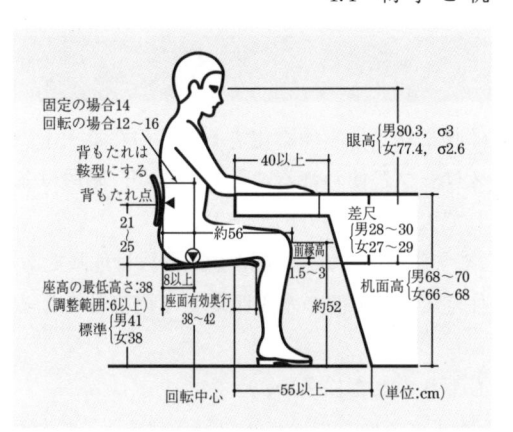

図 4.11 作業用机・いすの機能寸法 [9]

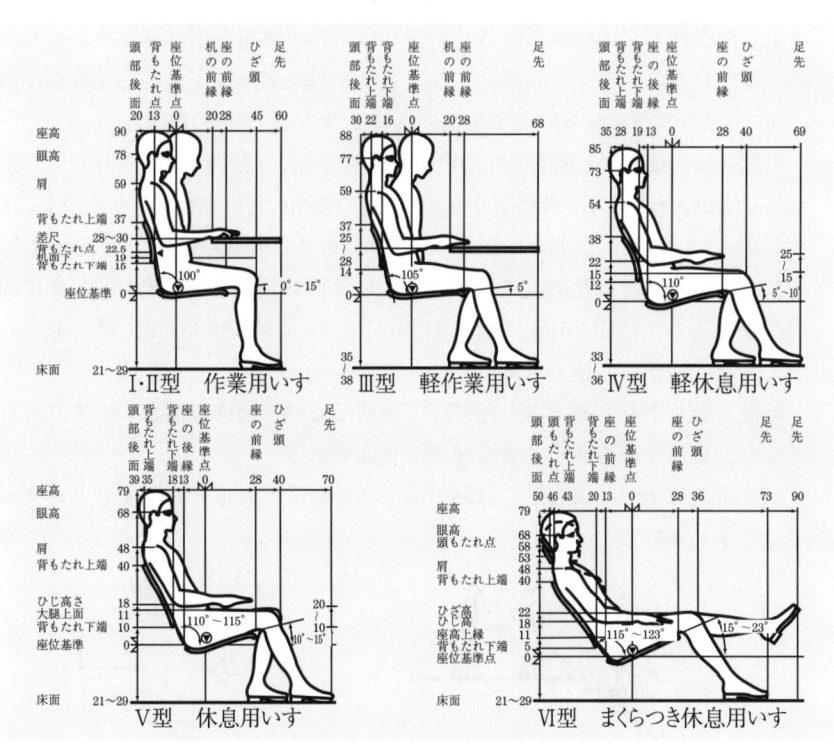

図 4.12 作業用・休息用いすの基準寸法 [9]

4.5 階　　段

　建築は集密化すると，平屋では収まりきらず多層化する．そのため上下の移動が必要になる．エレベータやスロープが使われることもあるが，**階段**は基本的な上下移動のための仕掛けとして欠かせないものである．

　階段も寸法によって上り下りしやすさが決まる．勾配が急な階段は危険である．

　特に，日本の在来構法の木造住宅では，1間の水平距離で1階高分を登る急な階段が多い．

　実際に階段事故は多く，それも下りのときに多い．

　人が歩くとき，踏み出す足を上へもってゆくのは自然な動きである．したがって上りは自然な足の動きとなるが，下りは踏み出す足を下げるため，足の動きが不自然になる．また下りのときは，下の方の段が見にくくなる（図4.13，図4.14）．であるから急な階段は後ろ向きに下りると下りやすい．

　階段では，**蹴上**げと**踏面**の寸法が最も重要である．踏面の寸法は足が十分に乗れる寸法が求められる．特に下りるとき，足の親指の付け根の部分が段の上にしっかり乗っていることが求められる．それは靴の長さの80%以上と考えればよい．

　公共的な階段では足の大きさより大きい踏面寸法が必要であり，1/2程度の勾配となると，踏面30 cm，蹴上15 cm，あるいは踏面33 cm，蹴上16.5 cm，のような寸法がよく使われる．

　階段の上り下りしやすさとしては，適切な幅や，適切な高さの手すりも重要となる．また足下を明るくする照明も重要である．

　螺旋階段はデザインとしては魅力的であるが，上り下りしやすさという観点では必ずしも好ましくない．

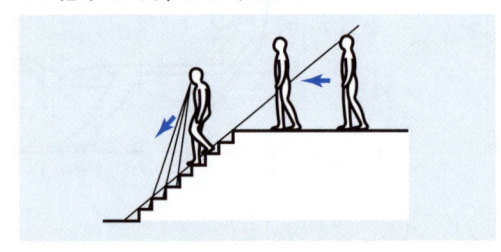

図 4.13　階段下降時の見通し [10]

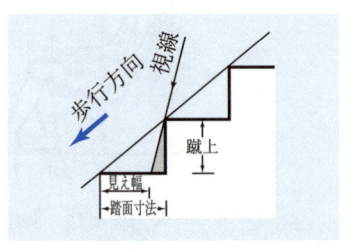

図 4.14　階段下降時の踏面奥の死角 [10]

4.5 階 段

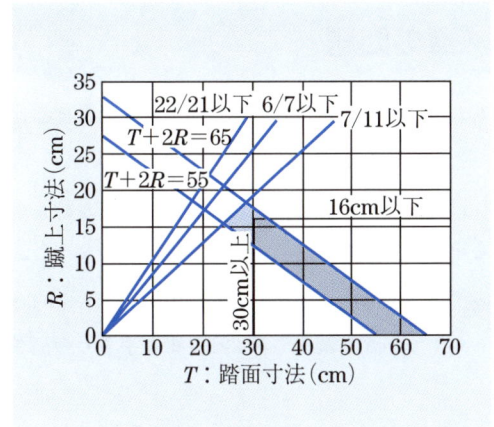

図 4.15 長寿社会対応住宅設計指針による階段寸法[11]

住宅階段
- $55 \leq T + 2R \leq 65$
- 推奨勾配 $\leq 7/11$, 基本勾配 $\leq 6/7$
  やむを得ない場合
- 勾配 $\leq 22/21$, $T \geq 19.5\,\mathrm{cm}$

集合住宅・共用部分の共用階段
- $55 \leq T + 2R \leq 65$
- 推奨寸法 $T \geq 30\,\mathrm{cm}$, $R \leq 16\,\mathrm{cm}$
- 基本勾配 $\leq 7/11$
  やむを得ない場合
- $T \geq 24\,\mathrm{cm}$

集合住宅・共用部分の屋外階段
- $55 \leq T + 2R \leq 65$
- 推奨寸法 $T \geq 30\,\mathrm{cm}$, $R \leq 16\,\mathrm{cm}$
  やむを得ない場合
- $T \geq 24\,\mathrm{cm}$

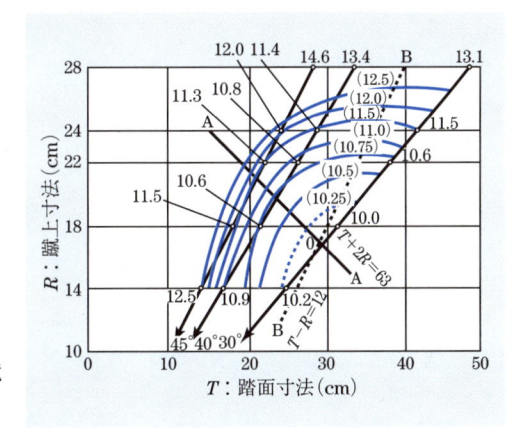

図 4.16 エネルギー負担による寸法評価[12]
(至適組合せ寸法　踏面 29 cm, 蹴上 17 cm, 傾斜角 30.4°)

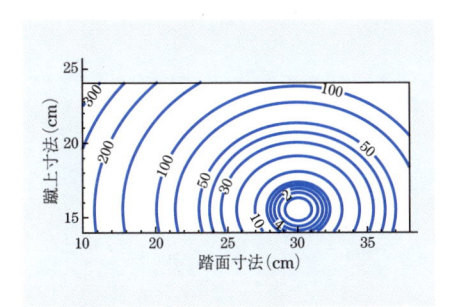

図 4.17 歩きづらさによる寸法評価[13]
(至適組合せ寸法　踏面 30 cm, 蹴上 15.5 cm, 傾斜角 27.3°)

4章の問題

☐ **1** 自分の各部寸法を測定してみよう．P.39 の図 4.6 の略算法で求めた数値と比較してみよう．

☐ **2** 自分に合った椅子の座面高・机の机面高を計算してみよう．そして身のまわりにある椅子や机がどのような高さをしているか調べてみよう．

☐ **3** いろいろな所にある階段の蹴上げ，踏面の寸法を測定し，実際の上り下りしてみて，どの寸法のものが上り下りしやすいかを調べてみよう．また手すりの高さも調べてみよう．

5 動　　作

　建築空間と人間との関わりを考えるとき，静止した人体だけを考えても始まらない．人間は動く．人間の動くことのできる空間の大きさを考えることはもちろんだが，ここではさらに目には見えない力，エネルギー代謝，また人間が身体を動かす「くせ」などのさまざまな特性についても理解しよう．

> **5章で学ぶ概念・キーワード**
> - 力
> - エネルギー代謝
> - 操作
> - 動作のステレオタイプ

5.1 人の出す力

　人体寸法や動作の空間的ひろがりの寸法は，建築空間，インテリア空間の形状や寸法を決める根拠となる．しかし人間の要因には，かたちには現れないが，建築に関連するものも多くある．

　人間の力の入れ方や動作の特性などは，家具や建具，操作器具などのデザインに関連する．人間の出す力，**衝撃力**は床や壁の構法と関連する．

　全身による押し・引きなどの力は，筋力そのものの他，反力の作用に必要な足底などの摩擦力や，姿勢保持のための筋力などによって大きく左右される．

　表 5.1 は成人男子による立位姿勢でとられる各種の場面における押し・引きの**持続力**と**衝撃力**の範囲を示したものである．

　衝撃力の大きさは，勢いのつけ方（加速度）で力の大小が決まることもあり，ばらつきが大きい．

　それぞれの場面において，力をかけやすい高さや幅などがある．それらの寸法は力をかける必要があるしかけをデザインする場合に参考になる．

表 5.1 全身の力 [1]

動作	条件	持続力(N) 平均(最大, 最小)	衝撃力(N) 平均(最大, 最小)
押す 	高さ(cm)		
	140	382(451, 314)	2 080(2 740, 1 570)
	120	529(608, 461)	2 390(2 940, 1 960)
	100	568(647, 470)	2 260(2 840, 1 720)
	80	539(568, 412)	2 100(2 500, 1 520)
押す 	高さ(cm)		
	140		1 270(1 960, 882)
押す 	高さ(cm)		
	140	167(216, 118)	892(1 570, 490)
	120	363(421, 274)	1 430(1 720, 1 180)
	100	588(686, 510)	1 530(1 810, 1 180)
	80	617(853, 529)	1 650(2 060, 1 270)
引く 	高さ(cm)		
	140	333(412, 235)	1 070(1 180, 882)
	120	431(510, 333)	1 200(1 470, 931)
	100	461(529, 363)	1 210(1 570, 980)
	80	480(559, 392)	1 360(1 764, 980)
引く 	高さ(cm)		
	120	294(412, 265)	
	100	372(441, 294)	
	80	470(627, 382)	
引く 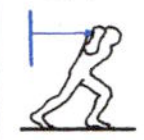	高さ(cm)		
	140	274(323, 216)	1 040(1 230, 784)
	120	353(431, 265)	1 110(1 320, 784)
	100	441(500, 392)	1 110(1 370, 686)
	80	480(559, 421)	1 010(1 370, 588)
押す 	奥行(cm)		
	100	1 050(1 362, 755)	2 310(3 530, 1 570)
	80	774(1 000, 627)	2 210(3 140, 1 760)
	60	1 640(1 880, 1 180)	2 160(2 740, 1 570)
	40	696(960, 549)	1 960(2 550, 1 570)
押す 	奥行(cm)		
	160	843(1 100, 706)	2 140(2 500, 1 320)
	140	686(941, 559)	2 250(2 550, 1 860)
	120	960(1 100, 774)	2 210(2 550, 1 470)
	100	715(872, 519)	1 940(2 500, 1 370)
	80	588(764, 412)	2 050(2 350, 1 570)
押す 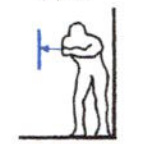	奥行(cm)		
	60	892(1 080, 608)	1 110(1 670, 784)
引く 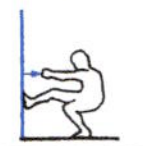	奥行(cm)		
	80	1 000(1 430, 617)	931(1 180, 637)
	60	1 130(1 430, 980)	1 240(1 960, 882)
	40	1 030(1 330, 882)	1 230(2 010, 784)
	20	990(1 300, 843)	1 430(2 060, 882)
	0	960(1 200, 804)	1 220(1 570, 784)
引く 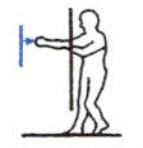	奥行(cm)		
	80	363(441, 196)	657(784, 490)
	60	490(627, 363)	745(833, 588)
	40	451(627, 353)	755(980, 588)
	20	568(715, 451)	902(1 080, 735)
	0	539(647, 431)	882(1 180, 735)
	−40	470(568, 353)	892(1 180, 686)
	−80	431(490, 382)	725(980, 539)
引く 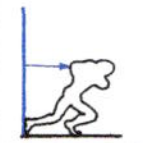	奥行(cm)		
	100	480(578, 421)	1 230(1 620, 833)
	80	392(461, 314)	1 150(1 370, 882)
	60	333(402, 294)	931(1 270, 686)
	40	254(284, 225)	813(1 270, 686)
押す 	幅(cm)		
	140	539(559, 529)	608(686, 539)
	120	568(1 050, 363)	1 010(1 370, 784)
	100	372(539, 265)	931(1 180, 784)
	80	412(637, 216)	588(784, 441)
押す 	幅(cm)		
	80	843(1 500, 647)	1 000(1 270, 735)
	60	441(764, 265)	734(1 080, 637)
押す 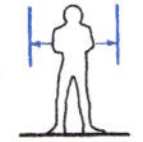	幅(cm)		
	60	451(608, 314)	1 260(2 160, 784)
	50	500(686, 323)	510(882, 294)
	40	794(1 430, 539)	
引く 	幅(cm)		
	140	510(696, 392)	255(392, 147)
	120	431(568, 372)	294(392, 196)
	100	343(421, 294)	372(431, 294)
	80	323(382, 265)	402(539, 294)
引く 	幅(cm)		
	100	510(666, 412)	343(392, 245)
	80	392(568, 314)	461(637, 274)
引く 	幅(cm)		
	60	568(764, 431)	461(588, 294)
	50	588(941, 421)	382(608, 294)
	40	461(588, 314)	382(490, 294)
引く 	高さ(cm)		
	180		1 510(1 960, 882)
押す 	高さ(cm)		
	100	451(510, 372)	1 570(2 160, 784)
	80	549(608, 490)	1 930(3 140, 882)
	70	578(627, 539)	2 080(3 530, 1 080)
	60	578(627, 539)	2 190(3 230, 1 180)
押す 	高さ(cm)		
	40		1 890(2 940, 980)
押す 	高さ(cm)		
	200	696(951, 470)	2 010(3 230, 1 080)
	180	853(1 000, 686)	2 230(2 740, 1 860)
	160	627(902, 372)	1 830(2 350, 1 370)
	140	843(1 050, 549)	1 980(2 740, 1 320)
	120	676(784, 510)	2 160(2 740, 1 470)
押す 	高さ(cm)		
	120	480(608, 343)	1 770(2 740, 1 130)
	100	519(657, 421)	1 450(2 350, 931)
	80	461(666, 363)	1 340(1 960, 882)
	70	431(657, 284)	1 150(1 570, 882)
	60	461(676, 343)	1 180(1 520, 764)
引く 	高さ(cm)		
	80	941(1 230, 559)	1 050(1 370, 784)
	70	1 030(1 470, 676)	951(1 080, 735)
	60	1 160(1 630, 657)	911(1 080, 686)

5.2 エネルギー代謝

人々が行う日常動作は人間生体にどのような負担となっているであろうか．建築空間の設計・計画というよりも，むしろ生活の仕方，生活管理という側面が強くなるが，室の配置，動線計画，インテリア計画に間接的に関連する．

人間のエネルギー産生には有酸素過程と無酸素過程があるが，持久的作業ではほとんど有酸素過程である．有酸素過程ではエネルギーの産生に酸素の消費を伴うので，作業中の**酸素摂取量**（$\dot{V}O_2$）を測定することで，作業に使われたエネルギー量が推定できる．1 l/min の酸素消費で約 5 kcal/min = 21 kJ/min = 350 W のエネルギーを産生する．

図 5.1 は日本人の最大酸素摂取量の年齢変化である．

作業強度の指標として，安静代謝量を基準とした指標である **METs**（Metabolic Equivalents）がある．METs の値は安静座位中の酸素摂取量を 200 ml/min とすると毎分消費されるエネルギー量（kcal/min）とほぼ等しくなる（体重 57.1 kg を想定した場合）．

表 5.2 は日常生活やスポーツで行われる活動の作業強度を METs で表したものである．日常的家事作業でも相当の負担になっているものもある．過度の負担を生じないような生活ができる環境の設計が求められる．

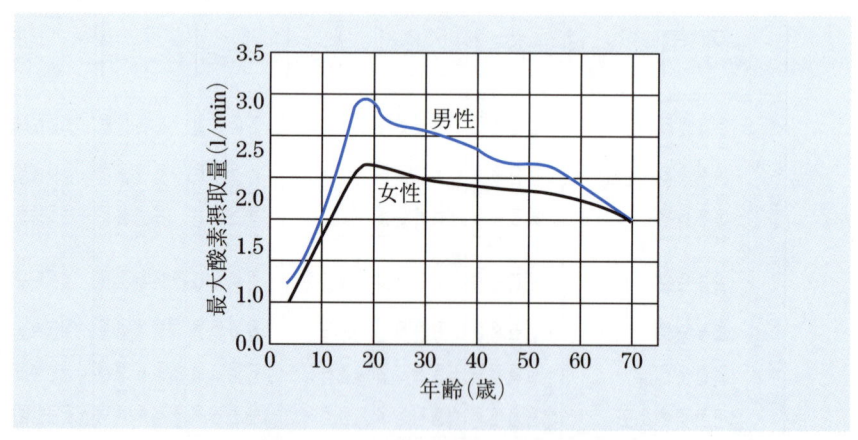

図 5.1　日本人の最大酸素摂取量 [2]

5.2 エネルギー代謝

表 5.2 各種の身体活動時の METs [3]

$$\text{METs} = \frac{\text{作業中の}\dot{V}O_2}{\text{安静座位中の}\dot{V}O_2}$$

分類	活動の種類	METs	分類	活動の種類	METs
身の回りの活動	座位	1.0	運動	3.2km/h での歩行	2.5
	リラックスした座位	1.0		8.8km/h でのサイクリング	3.0
	食事	1.0		9.6km/h でのサイクリング	3.5
	会話	1.0		4km/h での歩行	3.5
	衣服の着脱	2.0		4.8km/h での歩行	4.5
	手洗い	2.0		美容体操	4.5
	車いすでの移動	2.0		15.5km/h でのサイクリング	5.0
	4km/h での歩行	3.0		クロール泳, 30cm/sec	5.0
	シャワー	3.5		5.6km/h での歩行	5.5
	階段を下る	4.5		6.4km/h での歩行	6.5
	5.6km/h での歩行	5.5		8km/h でのジョギング	7.5
	装具・松葉杖での移動	6.5		20.8km/h でのサイクリング	9.0
家庭での活動	手縫い	1.0		12km/h でのランニング	9.0
	床掃除	1.5		クロール泳, 61cm/sec	10.0
	ミシンかけ	1.5		13.6km/h でのランニング	12.0
	家具磨き	2.0		16km/h でのランニング	15.0
	じゃがいもの皮むき	2.5		クロール泳, 76cm/sec	15.0
	掃除（立位）	2.5		クロール泳, 91cm/sec	20.0
	小物洗い	2.5		19.2km/h でのランニング	20.0
	パンをこねる	2.5		24km/h でのランニング	30.0
	床磨き	3.0		クロール泳, 105cm/sec	30.0
	窓拭き	3.0	レクリエーション活動	絵を描く	1.5
	ベッドメーキング	3.0		ピアノ演奏	2.0
	アイロンかけ（立位）	3.5		ドライブ	2.0
	モップかけ	3.5		4km/h でカヌーをこぐ	2.5
	洗濯物を手でとる	3.5		乗馬（並足）	2.5
	洗濯物を干す	3.5		6人制バレーボール（遊び）	3.0
	カーペットを叩く	4.0		ビリヤード	3.0
職業としての活動	座位（机）	1.5		ボーリング	3.5
	書きもの	1.5		蹄鉄投げ遊び	3.5
	車に乗る	1.5		ゴルフ	4.0
	校正	1.5		クリケット	4.0
	タイプ	2.0		アーチェリー	4.5
	ラジオの組み立て	2.5		社交ダンス	4.5
	楽器演奏	2.5		卓球	4.5
	部品組み立て	3.0		野球	4.5
	レンガ積みと漆喰塗り	3.5		テニス	6.0
	組み立て作業	4.0		乗馬（速足）	6.5
	52kg の手押し車を押す (4km/h)	4.0		フォークダンス	6.5
	大工職	5.5		スキー	8.0
	手動による芝刈り	6.5		乗馬（駆け足）	8.0
	まき割り	6.5		スカッシュラケット	8.5
	土木工事	7.0		フェンシング	9.0
	採掘	7.5		バスケットボール	9.0
				フットボート	9.0
				器械体操	10.0
				ハンドボート・ラケットボール	10.0

5.3 操　　作

　機器や，ドアノブなど操作具の大きさや形状は行う操作のしやすさや力の入り方に関連するので，それを配慮したデザインが必要となる．機器やドアノブなどの操作時における機器と人間の関わり合いは，手を通して行われることが多い．操作に必要な空間の大きさは，部品の大きさと手の動きの寸法の他にいくらかの「**あき**」を加える必要がある．「あき」の寸法は動作の速度と密接に関連し，早いほど多くとる必要がある．

　図 5.2〜5.4 はつまみやノブなどの寸法である．

　図 5.5 は握るときの手のかたちと，それに対応する握りの大きさを示している．握りの寸法は操作に必要な力の大きさと密接に関連する．操作力は小さいが精密な目盛りを合わせたいとき，精度は求めないが大きな力を必要とするときなど，目的によって求められる握りの形状は異なる．

　図 5.6 は引き出しのとっての標準的な寸法である．これも引き出しの重量などにによって求められる寸法が異なる．

　図 5.7 はドアのとっての代表的なものの寸法である．かたちによって手のかかり方が異なることに注意し，使いやすい高さも考える必要がある．

5.3 操作

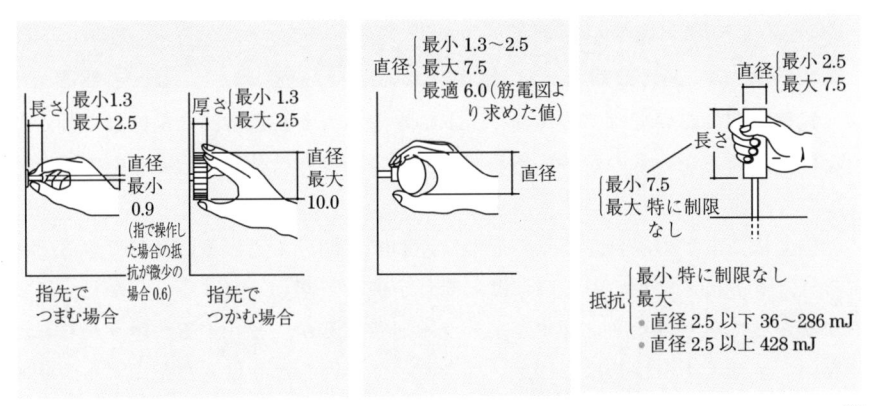

図 5.2 つまみの大きさ [4]

指先でつまむ場合: 長さ 最小1.3 最大2.5、直径 最小0.9（指で操作した場合の抵抗が微少の場合0.6）

指先でつかむ場合: 厚さ 最小1.3 最大2.5、直径 最大10.0

図 5.3 ノブの大きさ [4]

直径 最小1.3〜2.5 最大7.5 最適6.0（筋電図より求めた値）

図 5.4 レバーの大きさ [4]

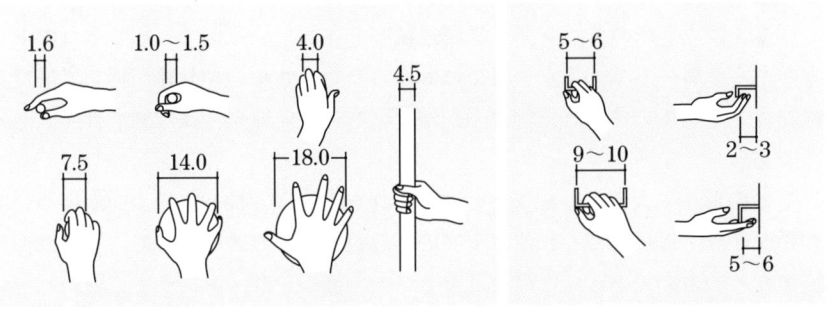

直径 最小2.5 最大7.5
長さ 最小7.5 最大 特に制限なし
抵抗 最小 特に制限なし 最大
- 直径2.5以下 36〜286 mJ
- 直径2.5以上 428 mJ

図 5.5 握りやすい大きさ [5]

1.6、1.0〜1.5、4.0、4.5
7.5、14.0、18.0

図 5.6 引き出しのとって [6]

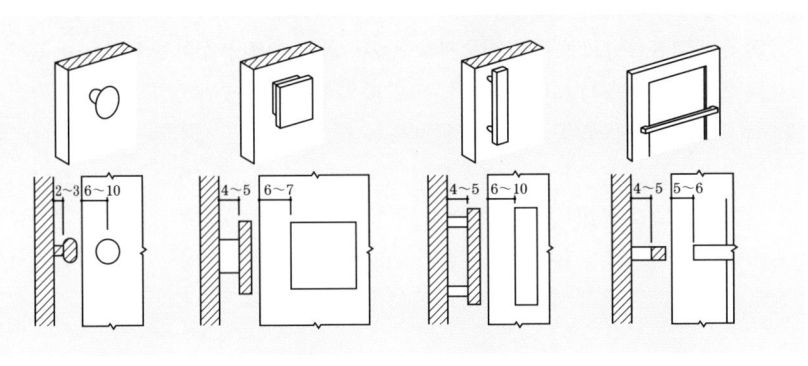

5〜6、9〜10、2〜3、5〜6

図 5.7 ドアのとって [7]

2〜3 6〜10 ／ 4〜5 6〜7 ／ 4〜5 6〜10 ／ 4〜5 5〜6

5.4 誰でも迷わないデザイン

　建築空間においては，操作具や，ドアなど，人々が日常的に操作して動かさなければならないものが多くある．その場合の操作は動作としてしやすいだけでなく，誰でも迷わずに使える必要がある．

　例えば，ドアの場合，多くのものは迷わずに開けて閉めることができるであろう．ドアにノブがついていれば，それを握って回し，開ける．しかし，ノブがなかったらどうか？ 押すか，スライドさせるか，どうするか迷うかもしれない．デザイナーはしばしば，ノブやとってを隠したり目立たなくするデザインをすることがある．そのようなデザインのドアに相対したとき，どうしてよいか迷うことがしばしば起きる．

　図 5.8 はガラスのスイングドアが連続して並んでいる例で，それぞれのドアがどちらを軸にして回るか一目ではわからない．水平の押し棒が押して開ける側に少し寄っていることだけが手がかりとなっているが，反対側を押す人もいるであろう．

　ものの形状や大きさ，材質などは，それをどう取り扱ったらよいかについての手がかりを提供してくれる．ドアの押し板は押すためのもので，ノブは握り回すためのものである．このようなものの特徴がデザインにうまく使われていれば，何をすればよいかはすぐにわかる．しかしこれを誤ると，思っているように動かなかったりする．

　例えば図 5.9 では水平な棒は押すという操作の手がかりを見せている．しかし実際には引かなければ開かないので多くの人がとまどう．また垂直のとっては引くという操作の手がかりを見せている．

　特定の人が特定のときに使うものであれば，操作方法が一目ではわからないものでもよいかも知れない．しかし不特定の人が使うもの，特に非常時に使うものなどでは，誰でも操作を迷わないでできるデザインが必要である．日常使うものに取扱説明書が必要であっては困るのである．

5.4 誰でも迷わないデザイン

図 5.8 スイングドア
ガラスのスイングドアが連続して並んでいる．入ろうとする場合どこを押せば開くであろうか？水平の押し棒が寄っているすき間が開くところである．

図 5.9 開ける操作の手がかりがわかりにくいドア

一見どうすれば開くのかわからない，あるいは考えているのと異なる方法で開くので多くの人が戸惑っている．そのため「引く」などの張り紙が必要となっている．
(a) 水平の棒は押すという操作の手がかりを見せているが，このドアは実際には引かなければ開かない．
(b) 操作の手がかりを目立たなくデザインしているため，一見どうすれば開くのかわからない．実際には左に引く．

5.5 動作のステレオタイプ

　どのような操作をすればどのような結果となるか，逆にある状態にするためにはどのように操作すればよいと思っているか，ということについて，人間が知らず知らずのうちに身につけたくせ・固定観念のようなものがある．それを**動作のステレオタイプ**という．例えば「ダイヤルは時計回りに回せばスイッチが入りボリュームが大きくなる」などである．

　多くの機器は人間の自然な動作の方向に合うように作られている．消火器なども人間の自然な動きに合わせておけば，いざというときにも迷わずに使える．

　しかし実際の機器には安全のためむしろ逆に作られているものもある．例えば，ガスや水などは人間の自然な動きがガスや水を止める方向になるように作られている．

　このような動作のステレオタイプは，習慣などの文化の違いによって異なるものもある．例えばのこぎりは日本では引いて切るが，押して切る文化もある．マイクのスイッチは日本では下方に引く（スライドさせる）とONになるが，上方に押すとONになるところもある．

5.5 動作のステレオタイプ

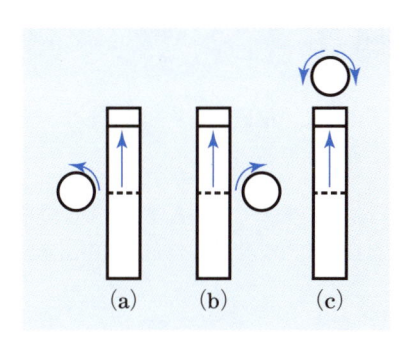

図 5.10 Warrick の法則 [8]

表示盤の指針方向と回転操作具の操作方向に関するステレオタイプで，Warrick (1947) が発見した法則である．指針を上方に動かす場合に，次の操作方向が選ばれる傾向がある．
(a) では反時計まわりの操作
(b) では時計まわりの操作
(c) では法則のはっきりした適用が不可能

表 5.3 出力操作具操作選択のステレオタイプ [9]

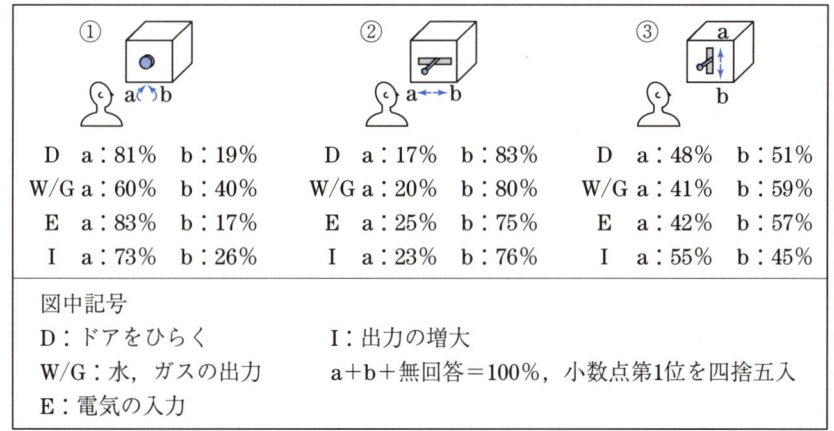

	①	②	③
D	a：81%　b：19%	a：17%　b：83%	a：48%　b：51%
W/G	a：60%　b：40%	a：20%　b：80%	a：41%　b：59%
E	a：83%　b：17%	a：25%　b：75%	a：42%　b：57%
I	a：73%　b：26%	a：23%　b：76%	a：55%　b：45%

図中記号
D：ドアをひらく　　　　I：出力の増大
W/G：水，ガスの出力
E：電気の入力
a＋b＋無回答＝100%，小数点第1位を四捨五入

それぞれの操作をするとした場合，どの方向に動かすかを選んだ率．

5章の問題

☐ **1** 身のまわりのドアノブや引き出しのとっての寸法，位置，高さを測定して，それぞれの使いやすさ，力の入り方を調べてみよう．

☐ **2** 開け方を迷うドアはないか，調べてみよう．そのドアで他の人はどうしているか？ やはり迷っているかどうかも調べてみよう．またなぜ迷うのか，理由を考えよう．

☐ **3** シングルレバーの水栓は湯水を出すのに上げるか，下げるか？ 身近な水栓を調べてみよう．

図 5.11 シングルレバーの水栓

6 人間の多様性

　人間は皆，平等で同じであり，理念としては何も差別なく考える必要がある一方，実際には様々な面で同じでなく，多様な人間に対しその人ごとに相応しいデザインで対応することが求められることがある．人間工学では人間を平均的なものととらえたが，ここでは人間の様々な多様性，変化，それを配慮したデザインについて理解しよう．

> **6章で学ぶ概念・キーワード**
> - 平均
> - エイジング
> - ハンディキャップ
> - バリアフリー環境デザイン，ユニバーサルデザイン

6.1 平均・上限・下限・パーセンタイル

　建築においてはユーザーを特定できることはほとんどない．建築は不特定のさまざまな人々が使う可能性があり，その状況を想定したデザインが必要となる．

　ある空間のユーザーとなる人々は皆同じではない．体の寸法をとってみても大きい人もいれば小さい人もいる．

　いわゆる人間工学は，人間はおよそ同じようなかたちと大きさをもつもので，人間を，平均的人間を中心に正規分布的に分布しているものとしてとらえ，その平均と分布を示すものである．

　多数の人々が使う空間のデザインであれば，できるだけ多くの人々にとって都合のよいデザインとする必要がある．そのためにはこのようなばらつきのある人々に対してどのような配慮をすればよいであろうか．

　一般的にはあることに対して最適の大きさがあるとすれば，人々の**平均値**に合わせてつくれば平均を中心に分布する多くの人にとって使いやすいものとなる．

　しかしあることに対して上限，あるいは下限であればどうか．収納できる高さの上限などではどうか．平均に合わせると半分の人にしか有利でないことになる．平均に合わせるだけではない，小さい人（あるいは大きい人）に合わせる必要があるものもある．

　最適値プラスマイナス限度の値に入っている人々のパーセンテージ，あるいは上限値（下限値）ならばそれに届く人のパーセンテージが問題となる．

　表6.1で示している**パーセンタイル**とは適する値に入る人々の割合である．平均値は50パーセンタイルとなる．

6.1 平均・上限・下限・パーセンタイル

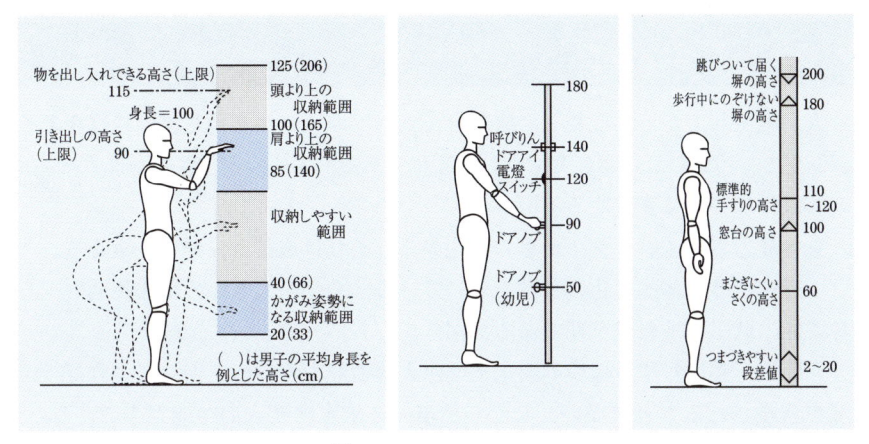

図 6.1 収納だなの高さ寸法 [1]

図 6.2 ドアまわりの高さ寸法 [1]

図 6.3 塀と柵の高さ寸法 [1]

表 6.1 標準偏差とパーセンタイル [2]

標準偏差	平均値に近い値をもつ人は多いが，それより遠く離れた値をもつ人は，漸次少なくなる．その形は右図のような正規分布であると考えてよい．このようなとき，標準偏差は平均からのばらつきの程度を表す．一般に，標準偏差は，S.D.または σ で表示する．	
パーセンタイル	度数分布曲線の無限小より度数を加算していったとき，総面積に対する比率をパーセンタイルという．	
標準偏差とパーセンタイル	分布曲線が正規分布をなしているとき，標準偏差とパーセンタイルの間には，右図のような関係がある．したがって 　$\bar{x} \pm \sigma$ の範囲には　約68.2% 　$\bar{x} \pm 2\sigma$ の範囲には　約95.4% 　$\bar{x} \pm 3\sigma$ の範囲には　約99.7% のものが含まれることになる．	
人体寸法と標準偏差	人体寸法のばらつきの大きさは，人体各部の長さにほぼ比例している．日本人の場合を整理してみると，その概略値は，右表のようになる． （計算例）ほとんどの人が中を見ることのできる引出しの高さは（女子の平均眼高143.0，標準偏差値5.5） 　　$\bar{x} - 3\sigma = 143.0 - 16.5 = 126.5$	

標準偏差	パーセンタイル
$\bar{x} + 3\sigma$	99.85
$\bar{x} + 2\sigma$	97.7
$\bar{x} + \sigma$	84.1
$\bar{x}$	50.0
$\bar{x} - \sigma$	15.9
$\bar{x} - 2\sigma$	2.3
$\bar{x} - 3\sigma$	0.15

平均計測値 (cm)	計測値の標準偏差 (cm)
30	1.8
40	2.2
50	2.6
60	3.0
70	3.4
80	3.7
90	4.1
100	4.4
110	4.7
120	5.0
130	5.2
140	5.4
150	5.7
160	6.0
170	6.2

人体計測値と標準偏差値

6.2 エイジング

人が誕生してから，成長し，成熟し，老いてゆく一生を通じての変化を**エイジング**という．これは誰にでも訪れる変化である．人体の大きさやプロポーションも成長につれて変化する（図 6.4）．

身体能力もエイジングとともに変化する．それは成長し，老い，衰える．

歩行速度は身体的変化の一端を表している．変化が大きいのは成長期と，心身機能の低下の進む老年期である（図 6.5）．

人間の行動に対する環境の要求水準が人間の能力が均衡を保っていれば，環境が意識されることはない．しかし環境の要求水準が人間の能力をこえると，環境は**障碍**（しょうがい）となる．成長期と老年期の 2 つの時期は環境の影響を受けやすく，環境との不適合によって，それ以外の時期では問題なく適合できる環境が障碍となってしまうことがある．

年をとると，若いときには気にならなかった小さな段差につまずいたり，階段の上り下りが苦痛になり，困難になることもあり得る．

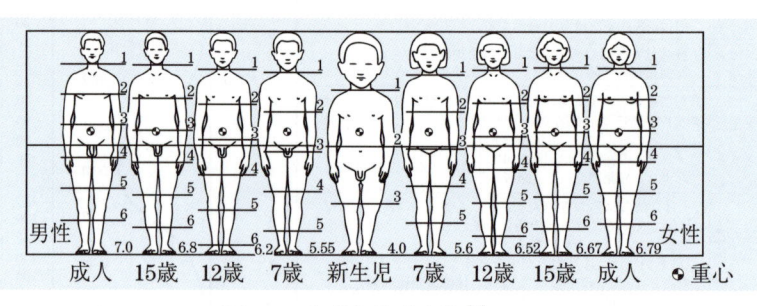

図 6.4　年齢と体型変化 [3]

6.2 エイジング

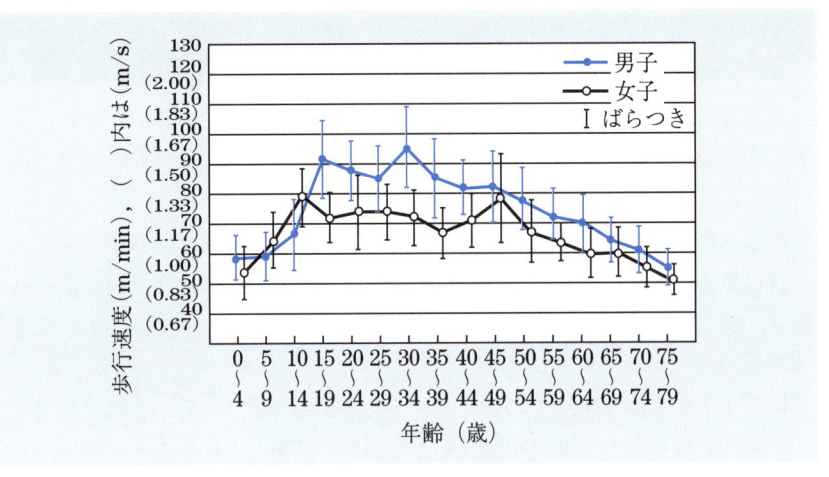

図 6.5 年齢と歩行速度 [4]

歩行は脚の筋力だけでなく，視覚，聴覚，平衡感覚などを総合した行為であり，身体機能をよく反映する．

表 6.2 居住場所での転倒事故発生状況 [5]

	乳幼児（％）	6〜64 歳（％）	高齢者（％）
居室	1,257（ 64.6）	2,109（ 44.7）	6,031（ 64.4）
階段	350（ 18.0）	1,330（ 28.2）	1,112（ 11.9）
廊下・通路	78（ 4.0）	315（ 6.7）	702（ 7.5）
庭・敷地	94（ 4.8）	467（ 9.9）	685（ 7.3）
浴室	76（ 3.9）	147（ 3.1）	213（ 2.3）
台所	40（ 2.1）	79（ 1.7）	221（ 2.3）
便所	3（ 0.2）	52（ 1.1）	190（ 2.0）
屋根・屋上	15（ 0.8）	67（ 1.4）	42（ 0.4）
エレベーター	1（ 0.1）	4（ 0.1）	9（ 0.1）
その他	33（ 1.7）	143（ 3.1）	162（ 1.7）
合計	1,947（100.0）	4,713（100.0）	9,367（100.0）

住居などでの転倒事故において，居室での転倒が多いのが 65 歳以上の高齢者の特徴である（東京消防庁が平成 9 年中に救急搬送した事故）．高齢者の歩行は摺足気味となっており，わずかの段差や電源コード，カーペットのめくれなどでも原因となり得ることが示されている．

6.3 人間の多様性

正規分布は，もともと同じくあるべきもののばらつきである．しかし，もともとから違うものもある．

同じような立場にあっても性差のようなものもある．

同じ人間でも生まれ育った地域，文化による差異もある（図 6.6）．

目に見える人体のかたち以外のものにもある．その 1 つに利き側がある（図 6.7）．多くの人は右利きとされているが，文化や時代によっては必ずしもそうではない．

同じ 1 人の人間が生活上の変化をすることがある．

一時的な変化として病気や怪我をした場合，妊娠した場合などがある．

また人間は生活において自身の体だけで生活しているのではない．衣服や手回り品を身につけて生活する．乳児を抱えていたり荷物をもっていることもある．ベビーカーを押している場合，重い荷物をもっている場合も，占める空間も運動能力も大きく変わる．

そのような人間のバリエーションの 1 つに，いわゆる障碍，ハンディキャップが位置づけられる．

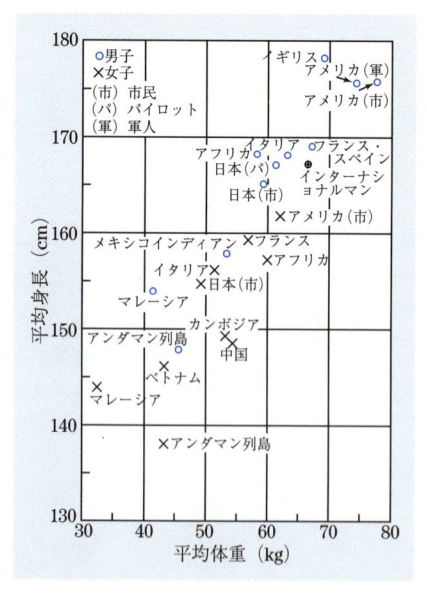

図 6.6　各国体位地域差 [6]

6.3 人間の多様性

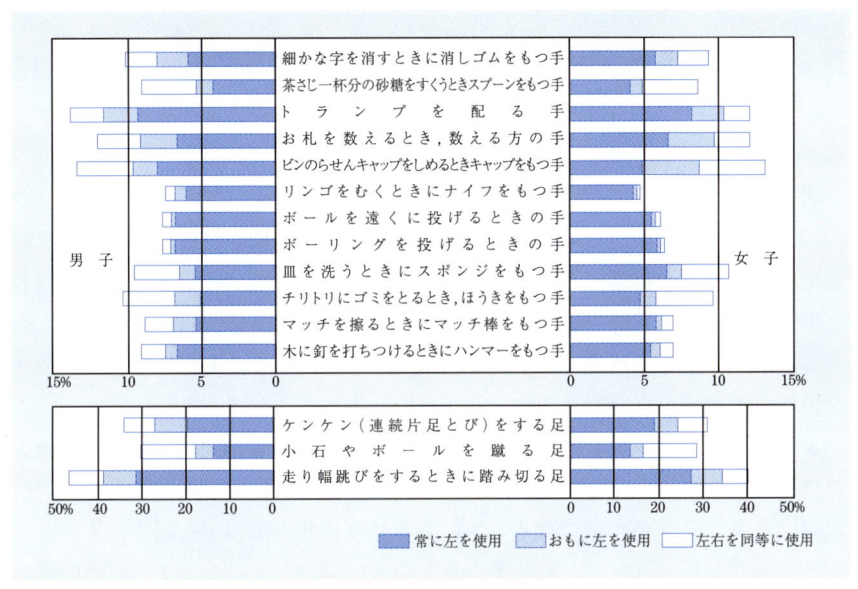

図 6.7 成年期以降の左利き・両利きの比率 [7]

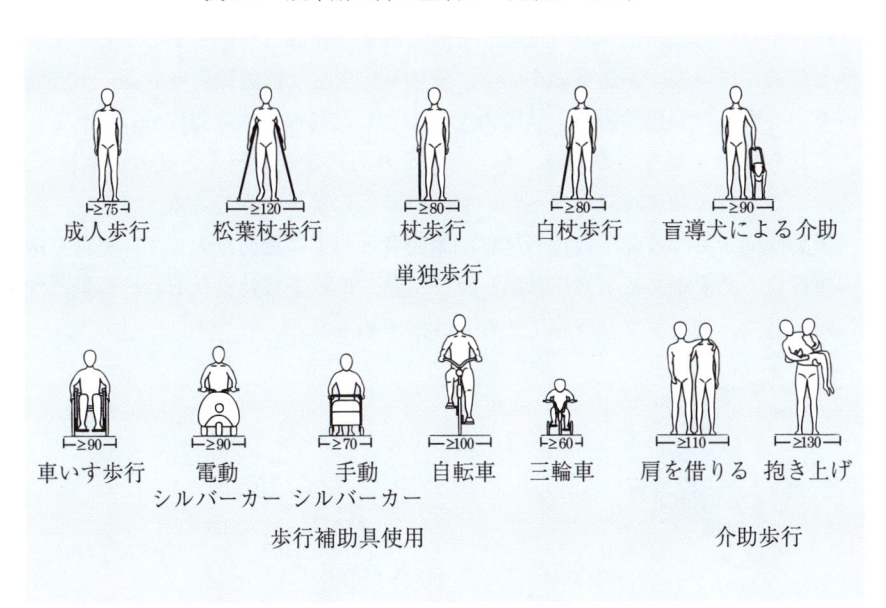

グラフ項目（男子／女子）:
- 細かな字を消すときに消しゴムをもつ手
- 茶さじ一杯分の砂糖をすくうときスプーンをもつ手
- トランプを配る手
- お札を数えるとき，数える方の手
- ビンのらせんキャップをしめるときキャップをもつ手
- リンゴをむくときにナイフをもつ手
- ボールを遠くに投げるときの手
- ボーリングを投げるときの手
- 皿を洗うときにスポンジをもつ手
- チリトリにゴミをとるとき，ほうきをもつ手
- マッチを擦るときにマッチ棒をもつ手
- 木に釘を打ちつけるときにハンマーをもつ手
- ケンケン（連続片足とび）をする足
- 小石やボールを蹴る足
- 走り幅跳びをするときに踏み切る足

凡例: ■ 常に左を使用　□ おもに左を使用　□ 左右を同等に使用

単独歩行
- 成人歩行 ≥75
- 松葉杖歩行 ≥120
- 杖歩行 ≥80
- 白杖歩行 ≥80
- 盲導犬による介助 ≥90

歩行補助具使用
- 車いす歩行 ≥90
- 電動シルバーカー ≥90
- 手動シルバーカー ≥70
- 自転車 ≥100
- 三輪車 ≥60

介助歩行
- 肩を借りる ≥110
- 抱き上げ ≥130

図 6.8 さまざまな歩行 [8]

6.4 さまざまなハンディキャップ

「ハンディキャップをもつ人々」とは，疾病，外傷，その他の原因によって身体や精神に障碍をもつ人々をいう．

新しい障碍の概念では，環境因子をより重要なものとしてとらえている．物的・社会的環境因子，ならびに人々の心の中にある価値観や偏見が，社会意識を形成し，差別や偏見，そして本人にとって社会の中でマイナスのイメージとしてとらえられる自分を認識させてしまう．

環境因子となる生活環境の改善は，障碍をもつ人々を全人格的に認め，独立した個人の生活を保障する手段となるという視点が重要である．

身体障碍者とは，視覚障碍，聴覚または平衡機能の障碍，音声・言語機能またはそしゃく機能の障碍，肢体不自由，内部障碍（心臓，腎臓，呼吸器，膀胱，直腸，小腸，ヒト免疫不全ウィルスによる免疫機能の障碍）を指す．

社会の高齢化が進むとともに障碍をもつ人は増加している．また障碍の概念も少しずつ拡大している．

肢体不自由者とは，四肢（上肢と下肢）および体幹（脊椎を中心とした上半身と頸部）に障碍があるものをいう．肢体不自由者は運動障碍といえ，下肢障碍を中心とした移動障碍，上肢障碍を中心とした動作巧緻障碍に分けられる．

これらは手や足などの四肢，もしくはそれらに運動を起こさせる中枢神経，さらにそれらを結ぶ神経系などのいずれの障碍によっても起こる．

運動障碍をもつ肢体不自由者は移動障碍者としての側面が大きく，移動方法に着目する必要がある．立位移動，座位移動，車椅子移動それぞれの行動特性に対応した，バリアフリー環境デザインが求められる．

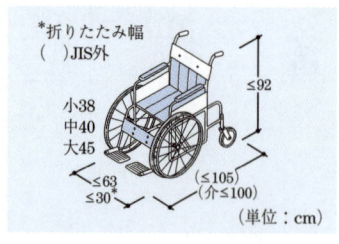

図 6.9　車いすの寸法 [8]

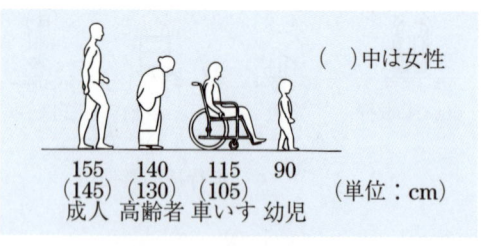

図 6.10　歩行と眼高 [8]

6.4 さまざまなハンディキャップ

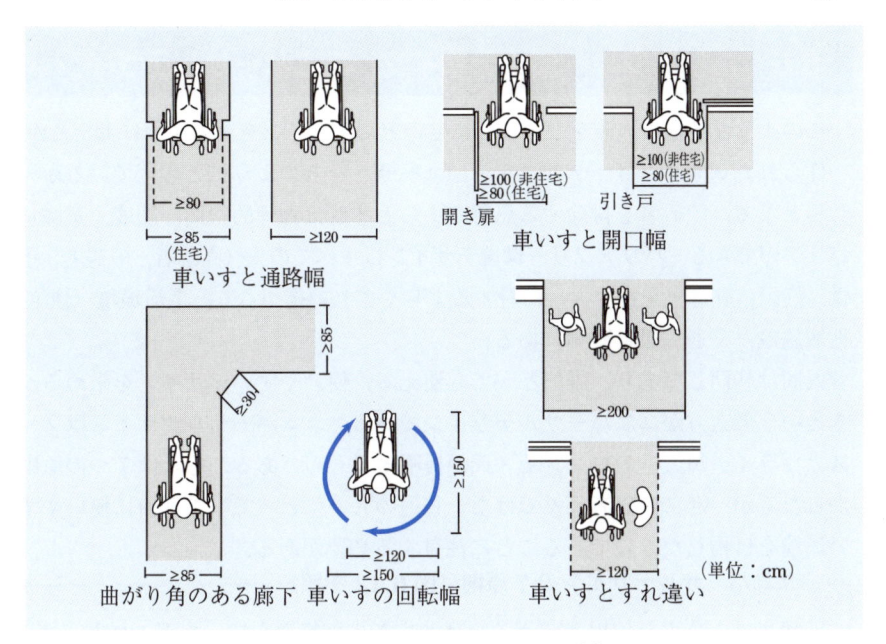

図 6.11 車いす使用時の寸法 [8]

(車いすと通路幅：≥85（住宅）, ≥120)
(車いすと開口幅：開き扉 ≥100（非住宅）／≥80（住宅）, 引き戸 ≥100（非住宅）／≥80（住宅）)
(曲がり角のある廊下：≥85, ≥85, ≥90)
(車いすの回転幅：≥150, ≥120, ≥150)
(車いすとすれ違い：≥200, ≥120)
(単位：cm)

	%度勾配	16.7 9.46° 1/6	12.4 7.15° 1/8	10.0 5.71° 1/6	8.3 4.76° 1/12	6.7 3.81° 1/15	5.0 2.86° 1/20
車いす	上がり	← 登坂時に車いすが逆戻り				登坂姿勢に無理がない →	
		← 登坂時に加速がつかなくなる／走行速度のコントロールがしにくくなる／キャスターが大きくふれる				楽に上がれる →	
	下がり	← 常にブレーキをかける		← ブレーキを断続的にかける		楽に下がれる →	
松葉杖	上がり					勾配が気にならない →	
				← 歩幅のコントロールができる			
		← 小刻みに歩く			楽に上がれる →		
松葉杖	下がり	← 杖のつき方を調整			楽に下がれる →		

図 6.12 車いす，松葉杖と勾配の関係 [8]

6.5 バリアフリー環境デザイン，ユニバーサルデザイン

このような多様な人間をどのように受けとめデザインをどのように考えるか．

作られたデザインは，デザイナーがユーザーをどのようにとらえているかの具現となる．障碍者を排除する思想があるとすれば物理的空間，制度，意識にバリアができる．**バリアフリー環境デザイン**はすべての人（高齢者，障碍者，子供，妊婦，乳母車を押す人）に対するよりやさしい街づくり，生活環境（住宅，地域施設，交通施設）整備である．

人間は皆同じであり，誰にとっても使える，使いやすいデザインを求めるべきという考え方が**ユニバーサルデザイン**である．ユニバーサルデザインはノースカロライナ州大学のロンメイス氏が提唱するものである．それは7つの原則からなるが，別に障碍者云々ではなく普通の人々にとって当たり前に使いやすい環境を目指したものであることに注目する必要がある．

ユニバーサルデザインの7原則（図 6.13 参照）

- 原則 1：公平な使用：デザインはさまざまな能力を持った人々にとって役に立ち，市場性がある（図 (a)）．
- 原則 2：利用における柔軟性：デザインは個人的な好みや能力の広い範囲に適応される（図 (b)）．
- 原則 3：単純で直感的な利用：ユーザーの経験，知識，言語能力，あるいはそのときでの集中力のレベルに関係なくデザインの利用が理解しやすい（図 (c)）．
- 原則 4：認知できる情報：デザインは周辺状況やユーザーの感覚能力と関係なく，ユーザーに対して効果的に必要な情報を伝達する（図 (d)）．
- 原則 5：失敗に対する寛大さ：デザインは危険や予期せぬ，あるいは意図せぬ行動のもたらす不利な結果を最小限にする（図 (e)）．
- 原則 6：少ない身体的な努力：デザインは効率的に心地よく，最小限の疲れの状態で利用される（図 (f)）．
- 原則 7：接近や利用のための大きさと空間：適切なサイズと空間が，ユーザーの体格や姿勢もしくは移動能力と関わりなく，近づいたり，手が届いたり，利用したりするのに十分に提供されている（図 (g)）．

6.5 バリアフリー環境デザイン，ユニバーサルデザイン

(a) 原則 1：公平な利用

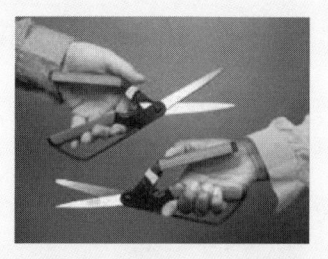

(b) 原則 2：利用における柔軟性

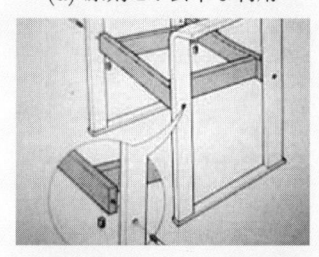

(c) 原則 3：単純で直観的な利用

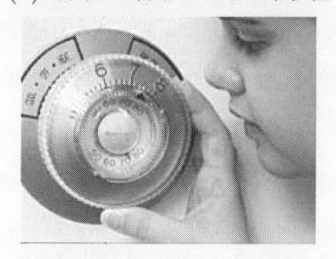

(d) 原則 4：認知できる情報

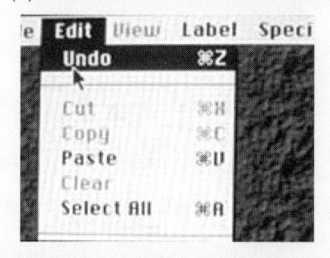

(e) 原則 5：失敗に対する寛大さ

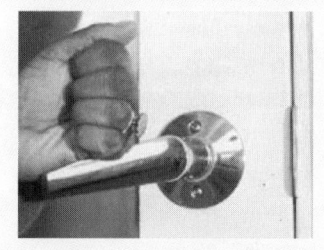

(f) 原則 6：少ない身体的な努力

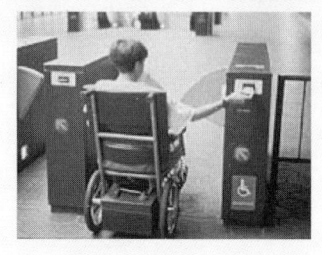

Copyright © 1997 NC State University, The Center for Universal Design
この原則は以下のユニバーサル・デザインの主宰者たちによって編集されたものである．
ベティ・ローズ・コンネル (Betty Rose Connell)，マイク・ジョーンズ (Mike Jones)，ロン・メイス (Ron Mace)，ジム・ミューラー (Jim Mueller)，アーバー・マリック (Abir Mullick)，イレイン・オストロフ (Elain Ostroff)，ジョン・サンフォード (Jon Sanford)，エド・スタインフェルド (Ed Steinfeld)，モーリー・ストーリー (Molly Story)，グレッグ・バンダーハイデン (Gregg Vanderheiden)
（アルファベット順）

7 原則の日本語訳者：清水　茜
（本文囲み・図とも）

(g) 原則 7：接近や利用のための大きさと空間

図 6.13　ユニバーサルデザインの 7 原則 [9]

6章の問題

☐ **1** 子どもの視点から周辺を見てみよう．空間のスケール，家具などがどのように見えるだろうか．

☐ **2** 車椅子で建物の中や街の中を歩いてみよう．どのようなものがバリアとなっているか確かめてみよう．
特に次の条件で通過・走行しやすさを確かめよう．
自力走行の場合はどうか，また介助する場合，介助される場合はどうか．
- 通路・開口部の幅員：0.8 m，1.2 m
- 回転スペース：直径 1.2 m，1.5 m
- 段差：1 cm，2 cm，5 cm，5 cm すりつけ
- 切り下げのある歩道の直進
- スロープ上り：1/20，1/12，1/10
- スロープ下り：1/20，1/12，1/10

注意 あらかわ福祉体験広場 http://www.ara.go.jp/arage/fukushi/hiroba.html
で以上の車椅子体験ができる．可能な人は体験してみよう．

7 人間のまわりの見えない空間

　建築空間の中で人々は生活する．建築空間の中で人々はどのように場所を占めてゆくであろうか．どこにいて，どこに座り，どこに寝るであろうか．他人とはどのように相対するであろうか．物は端から順に詰めて置いてゆくことができるが，人間は端から順に詰めて居ることはない．壁との間，人との間に空間をあける．人間のまわりには決して埋められることのないなわばりのような目に見えない空間がある．それを観察してみよう．

> **7章で学ぶ概念・キーワード**
> - かくれた次元
> - パーソナルスペース
> - 対人距離
> - ソシオペタル・ソシオフーガル
> - 指示代名詞コレ・ソレ・アレ

7.1 かくれた次元：目に見えない人体寸法

　人間が建築空間の中で生活している中で人間の体は壁や天井に接しているわけではなく，ある程度のひろがりのある空間の中にいる．また他人との間にもある程度の間隔をあける．

　人間のまわりに空間があることは無意味なことではない．人間は他人が近づいてくるとそれを敏感に感じ，近づきすぎると自分のなわばりに侵入されたような気になる．建築物が体にぴったりくっつくように狭いとたまらないと感じる．

　人間個体のまわりには，目には見えないが，一種のなわばりがある大きさをもってひろがるように形成されている．狭い部屋や混み合いでこのなわばりが侵されると不快を感じる．そのなわばりは**パーソナルスペース**（personal space，個人空間，個体空間）と呼ばれるものである．

　建築空間には人が集まる．建築空間の中で人間どうしはパーソナルスペースを確保しようとし，そのときの状況に応じて一線をこえては他人には近づかないようにする．

　しかし建築空間という限られた空間の中で，空間が狭すぎたり，人が多すぎたりすることにより，各自が確保したいと思うパーソナルスペースが確保できなくなる．それはプライバシーの侵害にもなる．

　建築空間のデザインにおいて，人間のこのような特性を理解する必要がある．

7.1 かくれた次元：目に見えない人体寸法

図 7.1 座席収納型電車の車内
座席をなくし，立ち席だけにして，少しでも多くの人を乗せようとするデザインの電車であるが，果たしてそううまく人は詰め込められるであろうか？
人は他人に対して空間をとろうとする．また向き合わないようにしようとする．従来の電車では，座席があることでつり革につかまる人は窓の方を向き，お互いに向き合わずにすむように人の向きは整理され，きちんと詰められていた（図 7.15 参照）が，座席がなくなるとどちらを向いてよいかわからない．思わず他人と面と向き合ってしまい戸惑う．

図 7.2 数人のグループの立ち話
会話をしようとするグループでは人は向き合い適度な距離をとり輪をつくる．輪の大きさは大きすぎず小さすぎず，ある一定の大きさとなる（7.3 節参照）．

図7.3 柱の角を利用して近くても遠い関係を保つ
近くにいてもお互いにそっぽを向いていれば他人どうしでいられる（7.4 節参照）．

7.2 パーソナルスペース

コミュニケーションしたいとき，また列をつめたいときなど他人に近づかなければならないとき，他人に対して近づきたくてもこえられない目に見えない一線があることに気づく．それが**パーソナルスペース**である．それは，身体の周辺で，他人が近づいた場合，「気詰りな感じ」や「離れたい感じ」がするような領域で，その人の身体を取り囲む見えない「泡（バブル）」に例えられる．

ロバート・ソマー（Sommer）（1959, 1969）は，人間は個体のまわりを取り巻く他人を入れさせたくない見えない領域をもっているとし，それをパーソナルスペースと呼んだ（参考文献 [2]）．そのパーソナルスペースは個人についてまわり，持ち運びできるという点で「**なわばり（territory）**」と区別し，パーソナルスペースは必ずしも球形ではなく，前方に比べ横の方は未知の人が近づいても寛容になれるとしている．

ホロヴィッツ（Horowitz）ほか（1964）は人が他人または物体に周囲から近づく実験により，人間は自分のまわりに他人の侵入を防ごうとするボディバッファーゾーン（body-buffer zone）をもつとした（図 7.4）．

田中政子（1973）は 8 方向から「近すぎて気詰りな感じがする」という主観的な接近距離を測定し，正面が遠く背後が近い，卵型のパーソナルスペースを得た（図 7.5）．

高橋・西出ら（1981）は位置により他人から「離れたい」とする力により形成される空間の潜在力の分布を個体域と呼び，実験の結果，「離れたい」とする度合が人を取り囲む等高線により表現された（図 7.6）．

パーソナルスペースは，このようなそれぞれの実験の状況設定において具体的な寸法をもったものとして示される．

しかしまたそれは，性別，親しさ，場面の状況などの違いで大きさが異なり，固定的なものではなく調節機能をもっているものでもある．

コミュニケーションなどをしない他人どうしはできるだけ距離をあけたいと思っている．図 7.7 は銀座の歩行者天国での 1 シーンで，やむなく相席となった人が，一歩椅子を後ろに下げている．そのことで自分のなわばりを確保し，また「この人達とは他人です」ということをアピールしている．

7.2 パーソナルスペース

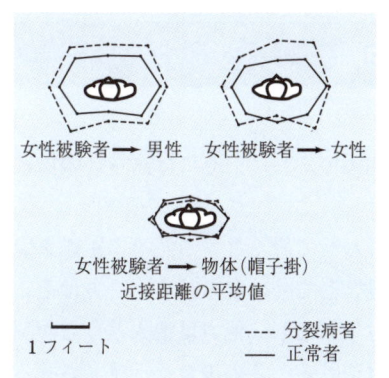

図 7.4 ホロビッツのボディバッファーゾーン [1]

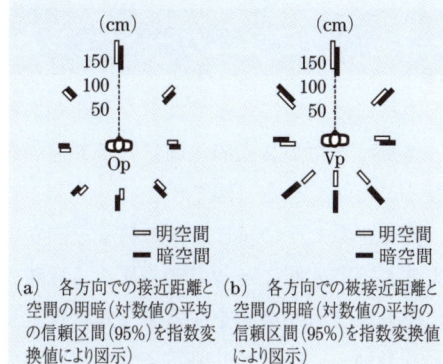

図 7.5 田中政子によるパーソナルスペース [2]

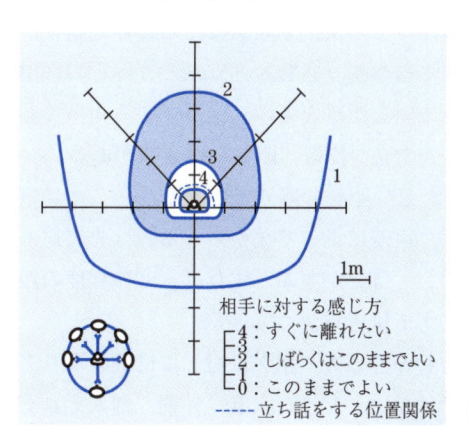

(a) 各方向での接近距離と空間の明暗(対数値の平均の信頼区間(95%)を指数変換値により図示)

(b) 各方向での被接近距離と空間の明暗(対数値の平均の信頼区間(95%)を指数変換値により図示)

図 7.6 実験により求められた個体域 [3]

相手に対する感じ方
- 4：すぐに離れたい
- 3：
- 2：しばらくはこのままでよい
- 1：
- 0：このままでよい

----- 立ち話をする位置関係

図 7.7 相席の人たちから少し距離をおく人

7.3　コミュニケーションと距離

距離には人間にとって大きな意味がある．

腰掛ける物が2人の人間にとって適当な間隔であれば，そこは語らいの場となることができる（図7.8）．

図7.9のように同じ2つの椅子を向かい合わせて置くとする．その距離を変えるだけで人間にとって全く異なる意味の場として受け取られる．一方はそこに座って2人が会話をするような状況と受け取れるし，他方は他人どうしが関わり合いなく居合わせ座るような状況と受け取れる．この場合そう感じさせるのは椅子そのものではなく，それらの間の距離や向きにある．

図7.10のこの人は一体何をしているのだろうか．電話をかけようとして待っているのか．それともただ近くにいるだけなのか．もしあなたがこの電話をかけようとしたら，この人の後ろにつくか前へ割り込むか迷うだろう．その理由はこの人が電話ボックスとの間にあいまいな距離をあけて立っているからであろう．このように迷うことによって，人の立つ位置，距離には意味がある——待っているのなら待っているのにふさわしい距離の取り方がある——ことに気づかされる．このような待ちの列では，距離によって後からくる人は先に並んでいる人を待っているかどうかを解釈し，自分が並ぶとすれば，どの程度の距離をあけるかを無意識のうちにもふまえて位置を決めている．

我々が普段何気なく行っている，場所の占め方，相手に対して位置の取り方などは決して無意味に行っているのではない．友達，家族，仲間，他人それぞれ，そのときのその人達の関係にふさわしい距離をとっている（図7.11）．

駅のホールや広場などで立ち話をする人達は，だいたい決まった距離（60〜70cm程度）と向き——お互いに向き合う，斜めに向き合う，肩を並べるのいずれか——の位置関係をしている（図7.12，図7.13）．

エドワード・ホール（Hall. E. T.）(1959, 1966, 1968)は，行動観察から，人間どうしの距離の取り方などの空間の使い方は，それ自体がコミュニケーションとしての機能をもつと考え，距離をコミュニケーションと対応させて分類し，4つの距離帯を提案し，さらにそれが文化によって異なるとした（参考文献[3]）．いろいろな実験や観察の結果，人間どうしの間の距離は人間行動の見地から，大ざっぱに図7.14のように分類できる．

7.3 コミュニケーションと距離

図 7.8 車止めに座り対話する人

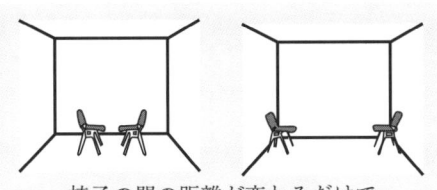

図 7.9 距離を変えた2つの椅子 [3]

椅子の間の距離が変わるだけで人間にとっての意味が変わる

図 7.10 普通より距離をあけて電話を待つ人

図 7.11 公園の噴水のまわりに腰掛けるカップル

カップルの2人どうしの距離，隣のカップルどうしの距離，それぞれふさわしい距離がきちんと保たれている．

図 7.12 駅のホールでの立ち話

図 7.13 公的な場での立ち話の型 [3]

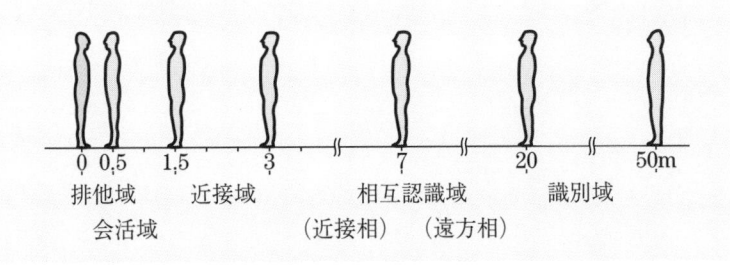

```
  0 0,5  1,5    3      7      20     50m
   排他域 近接域  相互認識域   識別域
   会活域       (近接相)(遠方相)
```

図 7.14 対人距離

7.4　ソシオペタル・ソシオフーガル

　距離だけでなく向きにも関連している．人間どうしの間の距離が十分にとれない混雑した電車の中などでは，親しい人どうしでない限り，決してお互いに向き合いにはならないように体の向きを調整している（図7.15）．他人どうしが距離がとれない場合は，体の向きでそれを補っている．

　立ち話のように知人どうしがコミュニケーションしようとする場合はお互いに向き合うような体の向け方をする．また他人どうしお互いに避けようとする場合はそっぽを向くような体の向け方をする（図7.16）．

　このような体の向きのタイプに対応して，座席配置などの空間のタイプが分類できる．

　オズモンド（Osmond, H.）（1957）は，精神病院のあり方についての研究の中で，空間デザインのタイプとして，**ソシオフーガル**（sociofugal）――人間どうしの交流をさまたげるようなデザイン――と，**ソシオペタル**（sociopetal）――人間どうしの交流を活発にするデザイン――の性質をもつ2種があるとし，特に精神病院の設計においてはそれらの使い分けが重要であるとした（参考文献 [4]）．

　ソシオフーガル・ソシオペタルは人間の行動と関連づけられた空間タイプ分類といえる．

　囲み型，向い合い型，内向きの円形などの（ソシオペタルな）家具配置はいかにもそこに人々が集まりそこで賑やかな語らいが想定できる（図7.17(a)）．逆に外向き円形などの（ソシオフーガルな）家具配置は他人どうしが関わり合いなく，待ち合わせなどをする状況が想定できる．そこへ知人どうしが来て話でもしようとすると無理に体をねじったりしなければならない（図7.17(b)）．

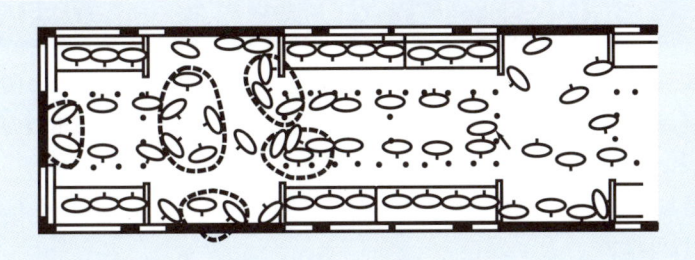

図 7.15　混雑した電車の中で人がどのように立っているか [4]

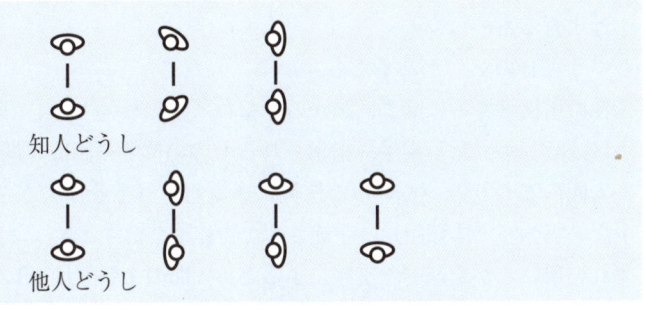

図 7.16　知人どうしの向き，他人どうしの向き [3]

(a)　(b)

図 7.17　(a) ソシオペタルな座席配置，(b) ソシオフーガルな座席配置

7.5 指示代名詞コレ・ソレ・アレと空間との対応

　人間のまわりの空間は，言葉，特に**指示詞コ・ソ・ア**の使い分けと関連し特徴づけられる．例えばココといえば自分の近くを指している．日本語の教科書によると，指示詞コ・ソ・アの使い分けは，

(1) 話し手のなわばりに属するものはコ，相手のなわばりに属するものはソ，それ以外はア

という場合と，

(2) 関心が強く近くにあるものはコ，関心が強く遠くにあるものはア，アには近すぎるものはソ

という場合の2つがあるとしている．

　他の用法もあるにせよ，誰かの「なわばり」とか「近く・遠く」といわれるように，話し手，話し相手，指示されるものの位置や距離に関連することがある．

　人間のまわりのいろいろな位置にある対象（十分な大きさで空間的な限定の少ない実験室（体育館）に浮遊させた物体）を指すとき，コレ，ソレ，アレのいずれを用いるかを調べた実験によると，人間のまわりは，3次元的にコレ，ソレの領域によって，あたかも2重のなわばりに包まれるようになっていて，その外側がアレの領域となった（個人型指示領域，図7.18，図7.19）．コレ，ソレ，アレそれぞれの領域の意味づけは，未だ解明されていない部分が多いが，例えばコレ領域は，人体の動作としてちょっと手を伸ばせば届く範囲にも相当する大きさをもっている．

　さて，これらの領域が例えば天井高などを考える物差しになり得るであろうか．ちなみにコレ領域の高さは2.4m近辺，ソレ領域の高さは3m近辺にある．これが何を意味するか．天井高2.4mはコレ領域に接し，手の届きそうな感じのする低さということなのであろうか．

　いろいろ検証すべきことは多くあるものの，空間に対する「見方」の1つと考えられる．

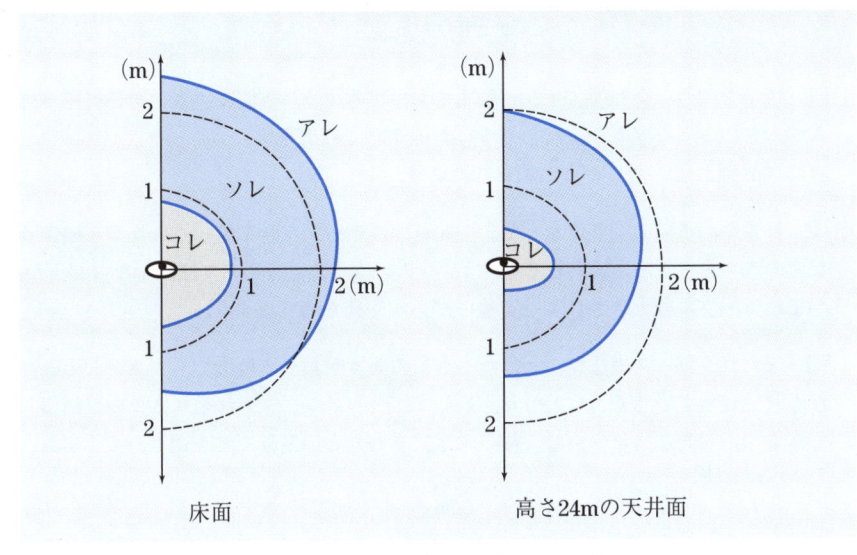

7.5　指示代名詞コレ・ソレ・アレと空間との対応

床面

高さ24mの天井面

図 7.18　個人型指示領域の平面 [5]

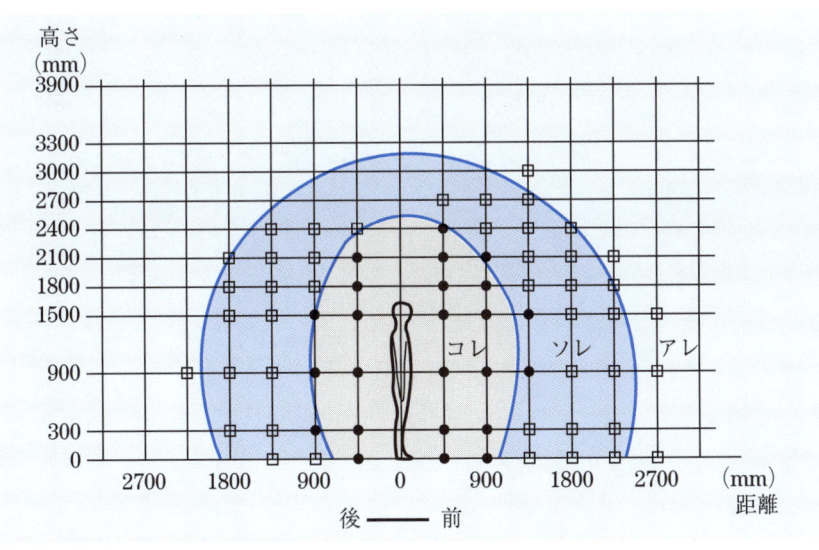

図 7.19　個人型指示領域の断面 [5]

7章の問題

☐ **1** 椅子を向かい合わせに 1.5 m 離しておいてみよう．実際に誰かとそこに座ってみて，どのような感じか，話しやすいか確かめてみよう．
次に 3 m 離してみたらどうか試してみよう．

☐ **2** 食堂や図書館の閲覧席などで，6人がけのテーブル席を探し，人々がどのような席の取り方をするか観察してみよう．一人一人ならどうか，友達同士ならどうか．またテーブルの大きさによって違いがあるか確かめてみよう．

☐ **3** 駅のコンコースや広場など，たくさんの人々が集まる場所で，人々がどのような場所に立っているか，1人の人，2人づれ，小グループそれぞれについて観察してみよう．人間どうしの距離，体の向き，まわりとの関係などを観察してみよう．

8 集団，社会，プライバシー

　人間のまわりの見えない空間は意識の中で様々なかたちで拡がっている．自分のものと感じる空間は自身のまわりにあるだけではない．今，留守にしている自宅の自室もその人のなわばりである．様々な場所が自分のものと感じる空間となりうる．建築空間はそのような意識と結びついて人間らしい空間となることができる．建築空間は様々な人間関係を容れる器なのである．

> 8章で学ぶ概念・キーワード
> - テリトリー
> - プライバシー，混み合い
> - ディフェンシブルスペース

8.1 テリトリー

　人間は1人では生きてゆけない．社会生活をしている．
　一方で人間は他人に対して個を守る．
　コミュニケーションをとろうとして接近する場合でも，守りたい個があり，空間の調整を行う（7.2節のパーソナルスペース）．
　パーソナルスペースに似たものとして**テリトリー**がある．テリトリーは，より場所と結びついた，持ち運びのできない，個体の侵入を阻止しようとする排他的ななわばりである．パーソナルスペースとは異なり，私室など，自分がその場にいなくても他人の侵入をこばむ領域である．
　テリトリーにはいくつかの段階がある．
　寝室，住宅，職場のデスクなどは，場所への強いコントロールがあり，その人にとっての心理的な重要性は高い．
　学校のロッカーや行きつけのレストランなどは，これよりも重要ではないが，その人にとってそこそこの意味がある．そこではしばしば他の人間と共用したりする．
　ある場所を自分のテリトリーだと主張するためには，他人にそれとわかるようにしなければならない．そのためには何かものをおいたり，サインを示したりする．座席をとるために持ち物をおいたり，図書館の席を離れるとき本を広げたままにしたり，花見の席取りに見られるようなさまざまな工夫がある（図8.1(a)，(b)）．
　家の外に植木を飾ったり個性的な表札をつけたりすること（**表出**といわれる）も一種のテリトリーの表示であるが，単にテリトリーの主張だけでなく，そこに人間が居ることを感じさせ，住む人の人間性や個性を表すものでもある（図8.1(c)）．それによって親しみが増し近隣関係が増すきっかけともなるし，またよそ者の侵入を牽制する力にもなるものである．

8.1 テリトリー　　　85

(a) 図書館での席取り

(b) 花見の席取り

(C) 表出

図 8.1　テリトリー確保の方法

8.2　ディフェンシブルスペース

　住宅地や集合住宅のアクセス空間において，開口部のない壁や鉄製の扉で閉ざされている空間には人の気配は感じられない．しかし開口部があってそこから住戸内部の空間の様子が感じ取られれば人が住んでいて見られていたり出てくるのではないかという気配を感じ取れる．防犯的な観点からは，前者のような閉鎖的にするよりも，人目があり内部の人に見られていると感じられる空間の方がよそ者の侵入を抑制する効果がある．

　ニューマン (1976) は「住民がそこを自分たちの場所と感じ，そこでのできごとに関心を払っていれば不審者は入り込みにくくなり，犯罪が未然に防がれる」とし，そのような空間をディフェンシブルスペース（守りやすい空間）と呼んだ．そのためには「空間がプライベートな雰囲気，住民が顔見知りであることなどが必要」で，「建築的には，通路や広場が家の窓から自然に監視できる，エレベータの共用戸数を少なくする，など」が必要であるとした（図 8.2，図 8.3）．

　小林秀樹 (1992) は，高層集合住宅において，近所の人と顔見知りであることと，外部廊下が家の中から見えることが，共有感のようなものをもたらし，安心して生活できる環境をもたらしているとした（参考文献 [5]）．そこでは集合住宅でありながら玄関を開け放つことも日常的になっていた．

　玄関前におかれる植木鉢などは，そこに人が住んでいることを示し，手入れをしに家人が出てくるかも知れないことを表している．道路や外部廊下をなわばり化している行為ともいえるが，住んでいる人の人間らしさを表すものでもある（8.1 節図 8.1 参照）．下町の路地にはそういった植木鉢などが多くおかれている．このような路地には人間らしさが満ちていて，居住者達の空間でありよそ者が勝手に入ってはいけないような感じを与える（3 章図 3.10 参照，図 8.4）．

　空間は，住んでいる人の自然な監視や領有感のような意識があることによってはじめて安全に守られた空間になる．そのことはモノだけが環境をつくっているのではないことを示す好例である．

8.2 ディフェンシブルスペース

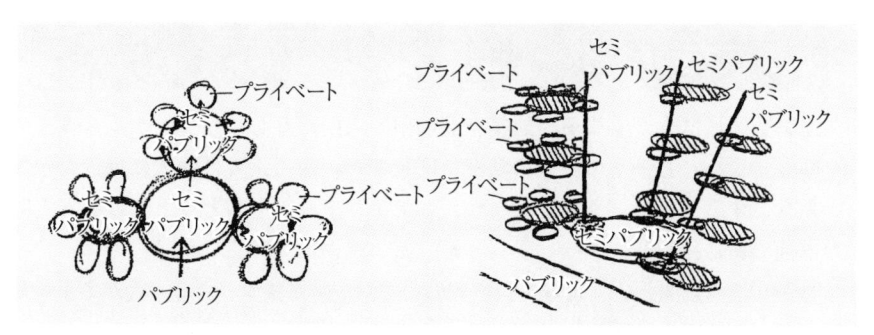

図 8.2 ディフェンシブルスペースの構成概念[1]

図 8.3 自然監視可能な空間の構成概念[1]

図 8.4 リビングアクセス
外部廊下にリビングルームの窓が面し
植木を置く場所が設けられている

8.3　プライバシー，混み合い

　建築空間には人が集まる．建築空間の中で人間どうしはパーソナルスペースを確保しようとし，そのときの状況に応じて一線をこえては他人には近づかないようにする．また，さまざまなかたちでテリトリーをもとうとするのも人間の本性である．

　しかし建築空間という限られた空間の中で，空間が狭すぎたり，人が多すぎたりすることにより，各自が確保したいと思うパーソナルスペースやテリトリーが確保できなくなる．それはプライバシーの侵害にもなる．

　人間はその状況で望ましいと思うプライバシー，パーソナルスペース，テリトリーが確保できないと混み合い感を感じる．

　さらに一定の空間に多人数が詰め込まれ，混み合いが激しくなると，個々の人間の問題というよりも，空間全体の密度が問題となる．当然ながら混雑度が増加するにつれ人体に対する生理的・心理的影響の問題となる．

　空間における人間の相は極めて多様であり，何もかも一義的には決められない．あるときは人間どうし集まってコミュニケーションが必要であり，あるときは個を確立する必要がある．また，祭りの空間のようにあるときは混み合いが求められることもある．空間を一面だけでなく，多様な面から読み取り，その空間でいろいろな可能性があることが空間の豊かさにつながる．

8.3 プライバシー，混み合い

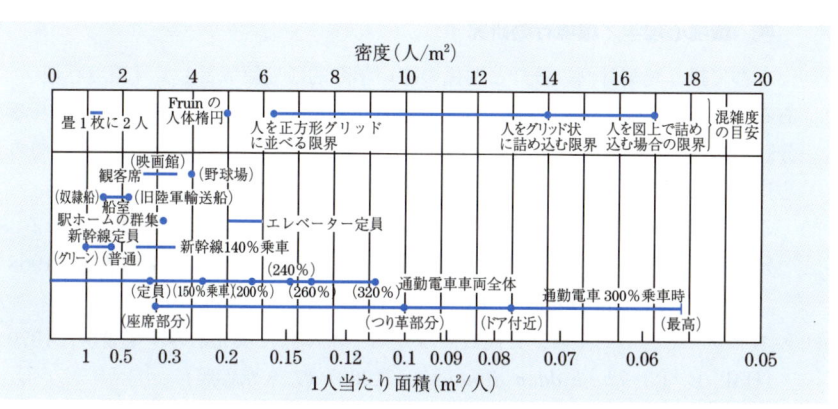

図 8.5 群衆と密度 [2]

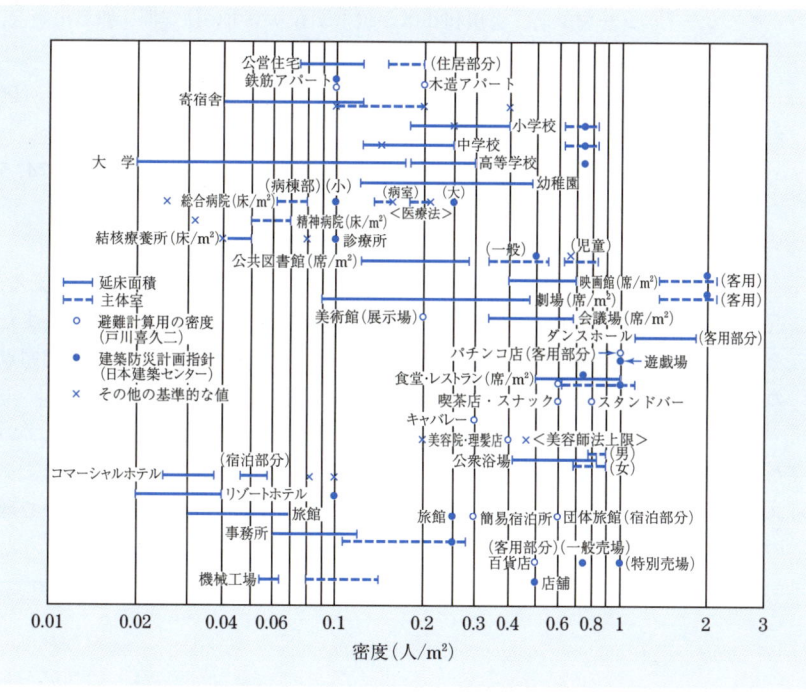

図 8.6 建物内の人口密度 [3]

第8章 集団, 社会, プライバシー

■ 環境心理学／環境行動研究

　本書で扱う建築計画の分野と関係の深い学際的研究領域として「環境心理学」あるいは「環境行動研究（Environment-Behavior Studies：EBS）」と呼ばれる分野がある．この分野は，環境（物理的だけでなく社会的環境も含む）と人間の心理（行動）との相互作用を取り扱う学際的な領域である．

　この分野に関連する先駆的研究の代表例として次の4つの著書があげられる．
- ケヴィン・リンチ著，丹下健三・富田玲子訳：都市のイメージ，岩波書店，1968（Lynch, K.: *The Image of the City*, 1960）（12章参照）
- エドワード・ホール著，日高敏隆ほか訳：かくれた次元，みすず書房，1970（Hall, E. T.: *The hidden dimension*, 1966）（7, 8章参照）
- ロバート・ソマー著，穐山貞登訳：人間の空間，鹿島出版会，1972（Sommer, R.: *Personal space*, 1969）（7, 8章参照）
- オスカー・ニューマン著，湯川利和ほか訳：まもりやすい住空間，鹿島出版会，1976（Newman. O.: *Defensible Space*, 1972）（8章参照）

1970年代になると「環境心理学」というタイトルを冠した著作も現れた（例えば次の2著書）．
- プロシャンスキーほか，穐山他訳編：環境心理学 1-6，誠信書房，1974. 5（Proshansky et al.: *Environmental Psychology*, 1970）
- Canter, D., 乾正雄訳：環境心理とは何か，彰国社，1972

　ここにはこれらを求める1960〜70年代の時代，社会の要求があったといえる．近代化，都市化が進む中で，人間性や柔軟さが無視され，高密化する都市，またそこでの犯罪の発生などである．こうした現状，あるいは近未来に対する問題点の指摘，それも人間の心理という見地からの問題指摘として意義があった．

　日本では，戦後の公共住宅・施設の建設需要が進み，量的な供給が続けられていた時代である．これら先駆的研究の掲げる，イメージ，混み合い，プロクセミクス，パーソナルスペース，ディフェンシブルスペースなどの，環境と人間の心理の関係に関わる問題は，大規模住宅団地，ニュータウン開発に代表されるような

均質な空間の中に人々を詰め込もうとしてきた近代化においてまさに見落とされていた事柄だったといえる．

　環境心理学／環境行動研究は，国際的・学際的な研究組織が活発に活動しているのも特長である．北米を中心とした EDRA (Environmental Design Research Association)，欧州を中心とした IAPS (International Association for People-Environment Studies) などの国際会議が行われ，日本からも心理学，建築学などの研究者が参加している．日本にも小さい学会ではあるが，MERA (Man-Environment Research Association) という学際的組織がある．

　これらの国際・学際学会のなかで「環境心理学 (Environmental Psychology)」という名称は必ずしも使われていない．「環境」というと人間を取り巻く物的環境と捉えられがちだが，対人的・社会的・文化的環境も重要であるし，人間自身も環境の一部である．「環境が人間に影響を与える」というのではなく，「人間自身も環境の一部であり環境とともに行動する」という意味を強調するならば「環境行動」といった方が妥当かもしれない．また名称として「環境心理学」は心理学の一分野のような印象を与えることもあり，「環境行動研究」が好まれて使われることもある．

　建築学の分野において環境心理学／環境行動研究は，建築・都市環境を人間中心に捉え，人間にとって使いやすく快適な環境を作るための基礎調査として，実質上古くから行われてきた．

　特に建築計画の分野で行われてきた「使われ方研究：建築空間の利用者の潜在的要求を把握するために，利用者の行動や意識の反映・軌跡としての建物の使われ方を調査し，使用されている状況での現状を客観的にとらえ，そこから再現可能な法則のようなものを発見し，それを後の建築計画に適用するもの」は環境心理学／環境行動研究の主要な方法である「POE (Post Occupancy Evaluation)：建築物が完成し使われ始めてから，利用・生活する人々の体験に基づいた評価」と通じるものがある．

8章の問題

☐ **1** 図書館などで，ちょっと席を離れるときどのようにしているか観察してみよう．

☐ **2** 混み合った方が楽しい空間はどのようなところか，考えてみよう．

9 視覚によりとらえられる人間のまわりの空間

　建築空間はその中にいる人間にとって様々な感覚でとらえられる．その中でも視覚のはたす役割は大きい．光は直進する．遠くのものでも正確に位置がわかる．一方，人間の見る能力には限界もある．
　ここでは見ることによって人間がどのように空間のひろがりや配列をとらえているか，空間の位置と関連させながら理解しよう．

> **9章で学ぶ概念・キーワード**
> - 視野・視力
> - 弁別
> - 視認距離
> - D/H

第 9 章　視覚によりとらえられる人間のまわりの空間

9.1　視野・視力

　人間は生活に必要な物質，情報など，すべて体の外の環境に依存し，環境の中で環境と共に生きている．建築の空間は人間にとっての身近な環境である．

　その建築空間を人はどのように知覚するか．建築空間の知覚において，空間内の各部の位置，かたち，大きさの知覚などは視覚が中心的な役割を果たし，触れないで感じる感覚を中心としてとらえられることが主となる．

　図 9.1 は目の構造である．眼球は網膜に像を写すカメラのようなものである．しかし，人間は単に網膜に映る像をそのまま見ている訳ではない．

　図 9.2 はある彫刻を見ているときの人の目の動きをとらえたもので，このように人の目は常に細かく動いている．この目の動きに合わせて網膜像は激しく動いているはずである．しかし我々は動く網膜像を知覚していない．動いていない世界を知覚している．

　このことは人間が知覚しているのは網膜像そのものだけではないことを示すものである．

　人が動くことによる見えの変化などいろいろなことを手がかりにして，3次元の空間を把握し，そこにいて，空間がどのようなひろがりをもっているか知覚する．

　人間の目の**中心窩**（ちゅうしんか）とよばれる色やかたちの弁別力が高いよく見える部分が視角約 1〜3° 程度であること，**視野**が限られていること，目や頭の動かしやすさなどから，対象の見え方にはその大きさとそこまでの距離が関係してくる．

　中心窩に一度に入りきれない比較的大きい対象を見る場合，周辺視または目や頭を動かして見える範囲が問題になる．

　図 9.3 は目や頭を動かすことも含めた実用的な視野である．

9.1 視野・視力

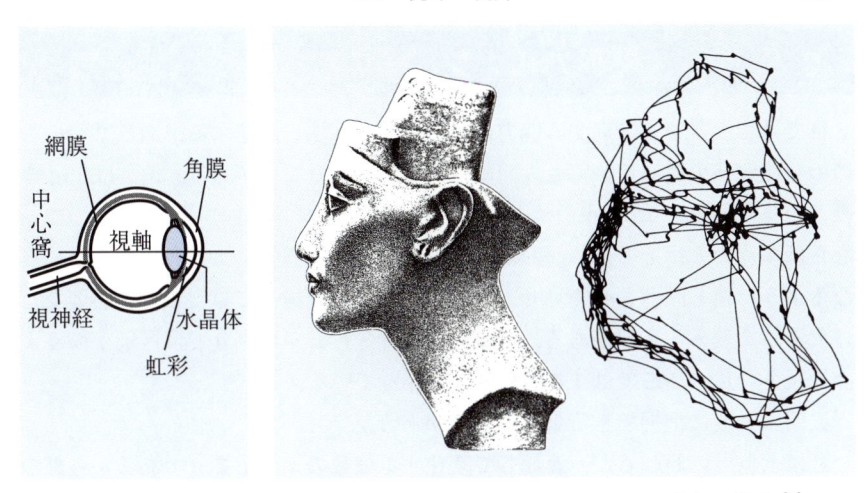

図 9.1 人の眼球の断面図

（網膜、角膜、中心窩、視軸、視神経、水晶体、虹彩）

図 9.2 アイカメラによる人の目の動きの軌跡 [1]

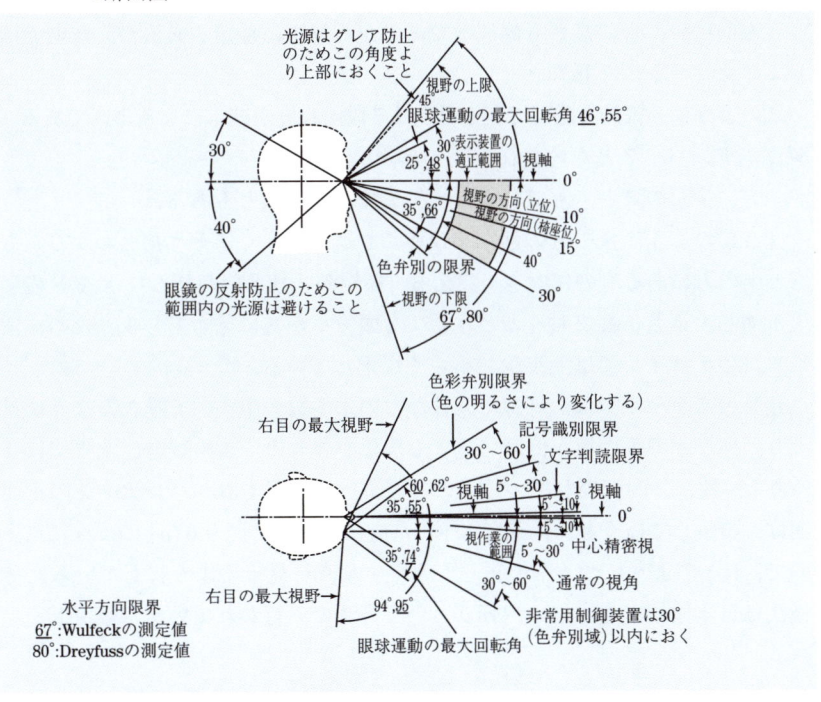

視野上方：
- 光源はグレア防止のためこの角度より上部におくこと
- 視野の上限 45°
- 眼球運動の最大回転角 46°, 55°
- 表示装置の適正範囲 25°, 48°
- 30°
- 視軸 0°
- 視野の方向（立位）35°, 66°
- 視野の方向（椅座位）10°, 15°
- 色弁別の限界 40°
- 視野の下限 67°, 80°
- 30°
- 眼鏡の反射防止のためこの範囲内の光源は避けること
- 40°
- 30°

水平方向：
- 色彩弁別限界（色の明るさにより変化する）
- 右目の最大視野
- 記号識別限界 30°〜60°
- 文字判読限界 5°〜10°
- 視軸 0°
- 60°, 62°
- 35°, 55°
- 視作業の範囲 5°〜30°
- 中心精密視
- 35°, 74°
- 右目の最大視野
- 通常の視角 30°〜60°
- 94°, 95°
- 眼球運動の最大回転角
- 非常用制御装置は 30°（色弁別域）以内におく

水平方向限界
67°: Wulfeck の測定値
80°: Dreyfuss の測定値

図 9.3 視野 [2]

9.2 弁別，マジカルナンバー7

　目で見て大きさを区別する能力は見るものの寸法に関連する．ある2つのものの寸法が多少違っていても人間には同じに見えることがある．例えば1mの長さの棒と同質の1.01mの棒とでは一目見ただけでは区別できないが，1.2mならば多くの人はその違いがわかる．時計の長針と短針のように，明らかに異なるように他と区別させて見せたいとき，はっきり違って見えるのに必要なだけ大きさを変える必要がある．図9.4の長針・短針や目盛りでは区別がつくような長さの比（ここでは1.4倍程度）となっている．

　人間の一度に把握できる量には限度がある．

　虹は七色といわれるが，連続して変化する波長の光の集まりであるから虹の色の種類は細かく区別すれば無限にある．しかし人間がぱっと見て区別できるのはだいたい7段階の七色程度というわけである．

　音も同様に，音の高さも周波数であるから無限に種類があるが，音階ではドレミファソラシの7種類としている．

　このように連続量を区別できる程度は7段階程度が基本になるようである（マジカルナンバー7ともいわれる）．

　一方，少しのことでも気になって見えてしまうこともある．

　図9.5のように8やSの活字をひっくり返すとすぐにそうだとわかる．もともと上の方にあるものは大きく見える（錯視の一種といわれる）．8やSの字を上下同じ大きさにしておくとどうしても頭でっかちに見えてしまうため，活字やロゴのデザインでは上を少し小さく矯正している．

　建築のスケールでは，軒線や天井などの水平線が中央部で垂れたように見えたり，柱などの垂直線が倒れて見える現象が起きる．この場合，水平線に「むくり」，柱に「内転び」をつけることによって修正する．パルテノンの正面立面は，誇張して描くと，正確に水平・垂直につくると図9.6(a)のように見えるので，(b)のようにつくって正しく水平・垂直に見えるようにしている．その技法は日本建築でも，柱の内転びという方法で，行われている（表9.1）．

9.2 弁別,マジカルナンバー 7

図 9.4 対比のデザイン
日常生活に現われる対比されるべき寸法比.これらは単なる対比ではなく見やすい対比であることに注意.
上:時計の長針と短針
下:計器の大・中・小目盛り
(Baker による比 100:73:45)

図 9.5 上方距離過大視の修正 [3] (小保内)

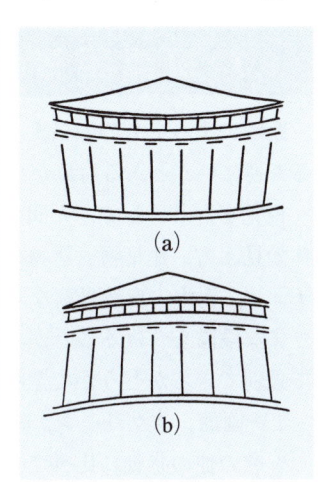

図 9.6 パルテノンにおける視覚的矯正 [4] (フレッチャー)

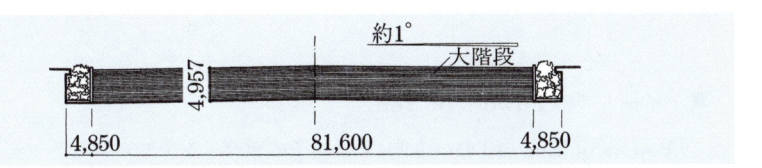

図 9.7 駒沢公園大階段のむくり [5] (芦原義信)

表 9.1 日本建築の柱の内転び [6] (大岡貫より作製)

(尺)	栄山寺八角堂	法隆寺東大門 (梁行柱心々)	大伝法院多宝塔 (端間)	夢殿
柱間 (上部)	10.715	8.7084	8.472	15.317
柱間 (下部)	10.78	8.824	8.512	15.40
差	0.065	0.122	0.04	0.083
柱高	14.71	14.85	13.00	13.38
勾配	0.00442	0.00821	0.00308	0.00620

9.3 視認距離

　距離によってものの見え方が変わる．それは対象の大きさ，質によって変わる．逆にいうとある対象が見える，識別できるための適切な距離や限界がある．
　視覚をもとにして，人間の表情（表情がわかる，誰だかわかる，など）や身体の見え方，建築物（建物の概形），部分（開口部など），ディテール，テクスチュア，樹木，自然景観などを対象にして，人間個体を起点とした距離のさまざまな段階をつけることができる．また文字，計器，サイン，標識など，見えて識別できるかどうかで意味をなすものもある．
　TV 画面，スクリーン，絵画などは鑑賞するのに相応しい距離がある．
　五感の他の感覚に比べて，視覚はより遠くまで，また方向や距離が正確に定位できる特色がある．ミリのオーダーからキロのオーダーまで及ぶ．

> ☕ **イームズの Powers of Ten**
>
> 　「Powers of Ten（10 のべき乗）」は椅子のデザインで知られるチャールズ＆レイ・イームズ夫妻による短編フィルムである．
> 　公園で寝そべっている人を上空から写した 1 m×1 m の写真は，カメラが上昇し 1/10 ずつ縮小してゆき，画面の中で人は公園の中の点になり，さらに公園が都市の中の点，都市が地球上の点，地球が宇宙の中の点，というように画面の一辺が 10 の 25 乗 m で銀河系が大宇宙の中の 1 点にすぎなくなるまでズームアウトしてゆく．また逆にカメラは近づき，手，皮膚のディテール，細胞，分子，素粒子へと 10 のマイナス 16 乗 m になるまでズームインする．
> 　素粒子のミクロから大宇宙のマクロまで，日常生活をはるかに超えるスケールの範囲にわたる世界を心地よいスピードで体験させてくれるこのフィルム作品は，スケール，視点と見る物との間の距離を変えて世界を見ると世界がどのように違って見えるかということを教えてくれる（http://www.powersof10.com）．

9.3 視認距離

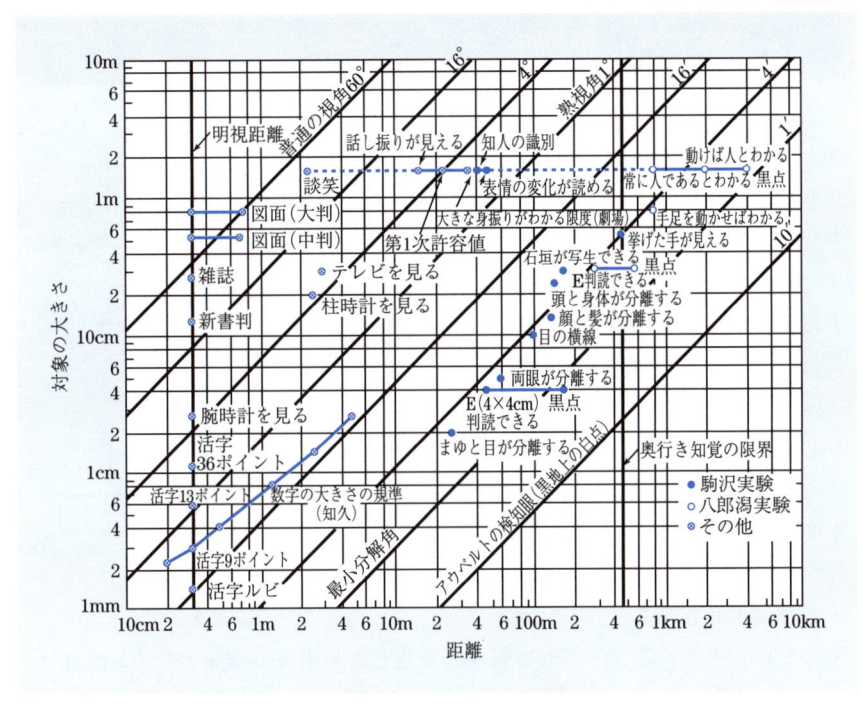

図 9.8 対象の大きさと識別距離 [7]

9.4 見下ろしの空間

人間の生活姿勢は重力方向と関わっている．そのためか人間の視線の方向はやや下向きであり，図9.3のように，立位で10度，椅座位で15度下向きとなる．普段我々が見ている範囲は目の位置より下の方が中心となっている．本や書類を読むとき，テレビやディスプレイは見下ろすようにした方が見やすい．

またそれは立位，椅子座位，平座位と視点が床面に近くなるほど視線は下向きになる．雪見障子などに代表される，下方への視線を意識した日本人の空間デザイン感覚は当を得ているといえる．

またﾞ樋口によると，湖の展望名所から見える湖面は，見下ろし30度以内にあるという（図9.12）．

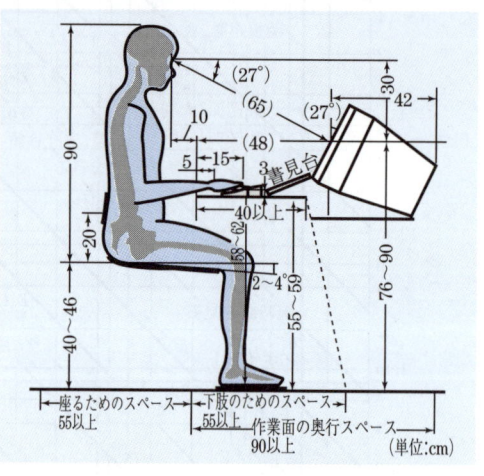

図 9.9 VDT 作業中の姿勢 [8]

図 9.10 雪見障子 [9]

9.4 見下ろしの空間

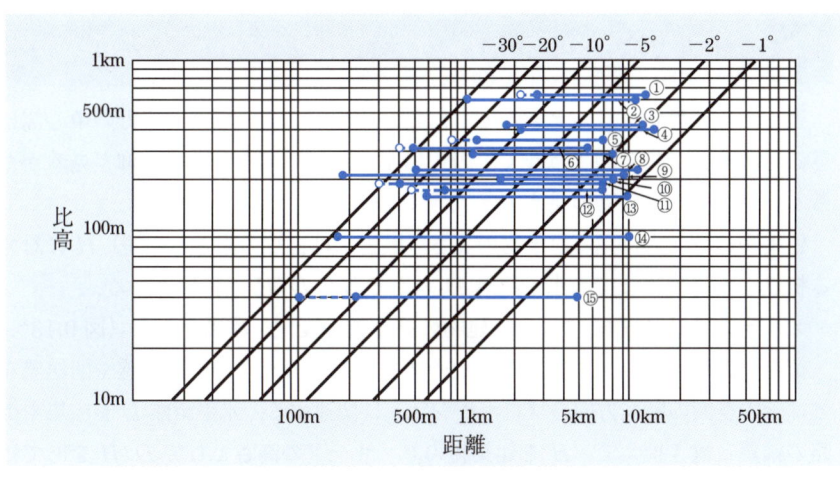

図 9.11 湖面の俯角 [10]

十和田湖
　(十和田山)①
　(御鼻部山)②
　(発荷峠)　⑧
　(畝湖台)　⑨

洞爺湖
　(有珠山)　③
　(大観望)　⑨
　(四十三山)⑬
　(見晴台)　⑭

屈斜路湖 (美幌峠) ④
中禅寺湖 (茶ノ木平) ⑤
摩周湖
　(第 3 展望台) ⑥
　(第 1 展望台) ⑪

芦ノ湖
　(大観山)　⑦
　(箱根公園) ⑮
阿寒湖 (釧北峠) ⑩
大沼 (日暮山) ⑫

図 9.12 摩周湖 (第 1 展望台から) [11]

9.5　見上げの空間，D/H

　近くから建築物を見るときなど，対象が比較的大きい場合，視野の中心窩に写る対象として見るのではなく，周辺視または目や頭を動かして仰ぎ見るかたちとなり，仰角が建物の見え方と大きく関係してくる．

　建築物の見え方は見る対象物の高さ（厳密には視点の高さとの差）H に対する視点から対象物までの水平距離 D の比である D/H が指標となる．

　メルテンスは D/H によって建物の見え方の変化を段階化した（図 9.13）．

　街路，路地，広場，中庭など複数の建物に囲まれた空間の開放感や閉鎖感などはその空間の断面方向のプロポーションに関連する．水平距離 D を広場や街路の幅員と置き換えて，H を建築物のファサードの高さとして D/H をあてはめると，その外部空間の雰囲気が記述できる．

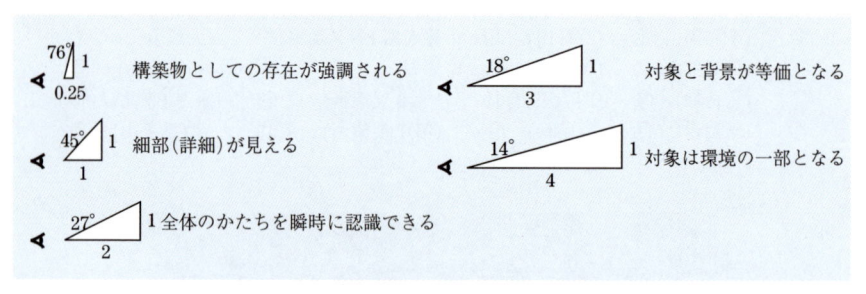

仰角	D/H	見え方
76°	0.25	構築物としての存在が強調される
45°	1	細部（詳細）が見える
27°	2	全体のかたちを瞬時に認識できる
18°	3	対象と背景が等価となる
14°	4	対象は環境の一部となる

図 9.13　仰角と建物の見え方 [12]

9.5 見上げの空間, D/H

表9.2 D/H と囲み感 [12]

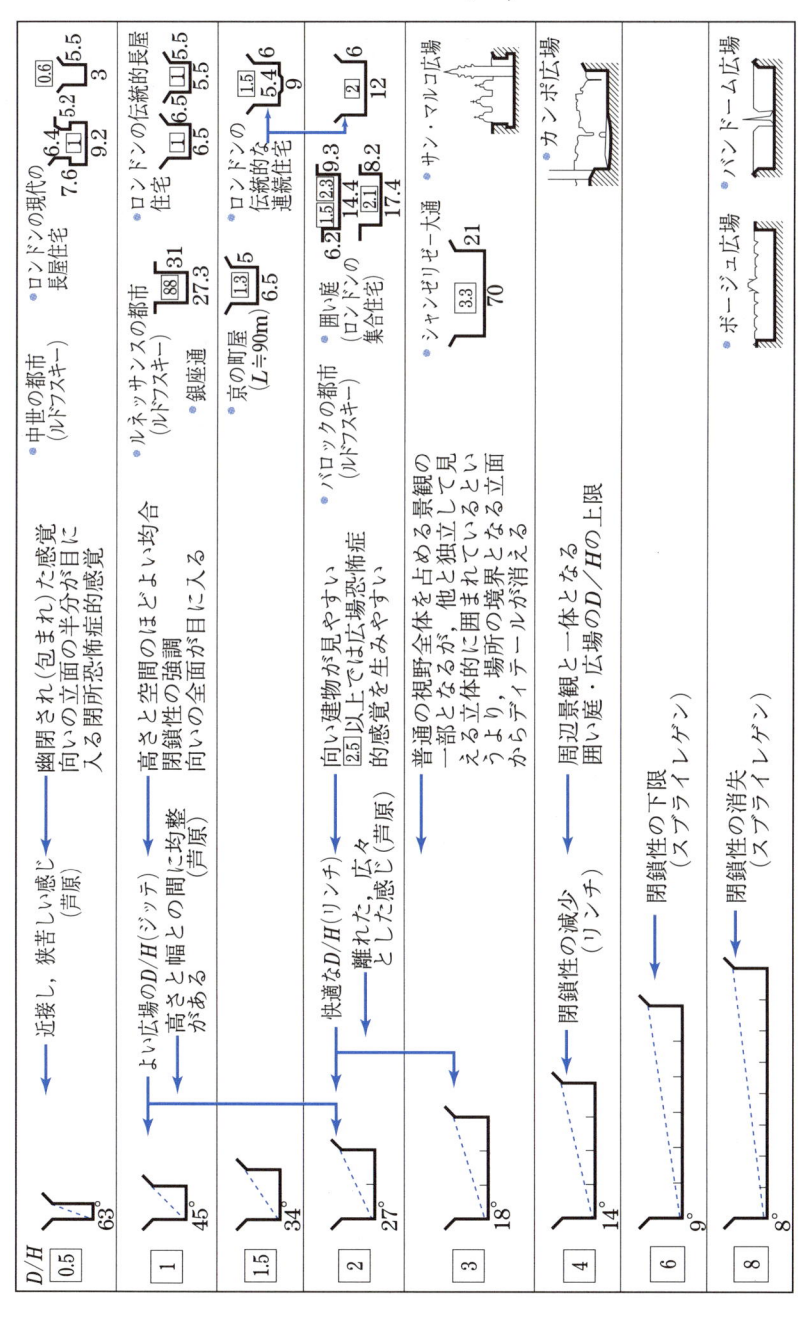

D/H		囲み感	事例
0.5	63°	近接し,狭苦しい感じ (芦原)	幽閉された感じ(包まれ)た感覚 向いの立面の半分が目に入る閉所恐怖症的感覚	中世の都市 (ルドフスキー) ロンドンの現代の長屋住宅 7.6 ⬜6.4 ⬜5.2 ⬜5.5 / 9.2 3 0.6
1	45°	よい広場のD/H(ジッテ) 高さと空間のほどよい均合	高さと幅との間によい調和がある 閉鎖性の強調 向いの全面が目に入る	ロンドンの伝統的長屋住宅 ⬜6.5 ⬜5.5 / 6.5
1.5	34°			ルネッサンスの都市 (ルドフスキー) 銀座通 ⬜88 31 / 27.3
2	27°	快適なD/H(リンチ) 離れた,広々とした感じ(芦原)	向い建物が見やすい 2.5以上では広場恐怖症的感覚を生みやすい	京の町屋 (L≒90m) ⬜13.3 5 / 6.5 ロンドンの伝統的な連続住宅 ⬜1.5 5.4 6 / 9 バロックの都市 (ルドフスキー) ⬜6.2 ⬜1.5 ⬜2.3 9.3 14.4 / 17.4 ロンドンの集合住宅 ⬜2 6 / 12 ⬜2.1 8.2
3	18°		普通の視野全体を占める景観の一部となるが,他と独立して見える立体として囲まれているという,場所の境界となる立面からディテールが消える	シャンゼリゼ大通 3.3 21 / 70 サン・マルコ広場
4	14°	閉鎖性の減少 (リンチ)	周辺景観と一体となる囲い庭・広場のD/Hの上限	カンポ広場
6	9°	閉鎖性の下限 (スプライレゲン)		ボージュ広場
8	8°	閉鎖性の消失 (スプライレゲン)		バンドーム広場

103

9章の問題

☐ **1** (線の太さの使い分け，字の大きさの使い分け)

　図面で使う線の太さ（太線，細線）は線の表す役割によって使い分けられている．どのような太さになっているか，それぞれの比率はどのくらいになっているか，どのくらいの太さの違いが見分けやすいか確かめてみよう．

　また新聞などで見出しの字の大きさがどのように使い分けられているかを調べてみよう．

☐ **2** 今使っているコンピュータのディスプレイの位置の測定してみよう．近さ，高さや角度など，いろいろ変えてみて見やすさをチェックしてみよう．

☐ **3** (D/H の実測)

　身近な建物の D/H を測定してみよう．$D/H=1$ や $D/H=2$ がどのくらいか，どこまで見えているか確かめよう．

10　空間の感覚

　建築空間は 3 次元空間である．そのことはいうまでもないことであるが，往々にして平面だけで捉えられてしまいがちである．設計においても先ず平面を考え，それに天井高さを付与するだけの設計をしてしまうことがある．しかしそれは安易な考え方であり，決してよいことではない．建築空間はあくまで 3 次元空間であり，3 次元の空間として捉えられ，デザインされなければならない．3 次元空間としての建築空間を中に居る人の視点から考えてみよう．

> **10 章で学ぶ概念・キーワード**
> - 感覚
> - 開放感・閉鎖感
> - 容積感

10.1 3次元空間としての建築空間

　建築には空間があり，人間がその空間を体験もしくは体感できること，それが人間にとって建築の本質的意味といえよう．

　その建築空間の中で人々は，いて，見て，ときには触れてなど，空間と関係をもちながら生活している．そこでいつも空間を見て美しいと感じたり，何か感動しているわけではない．生活の背景として，何気なくいて，囲まれ限定された空間の中で動き，見渡して，ときには狭いと感じたり，広いと感じたりしながら生活している（図 10.1～図 10.4）．

　壁や床や天井などの建築空間を構成する境界面は，人間の視線を遮り，行動を限定したり，逆に行動の可能性を拓く．建築空間をデザインするということは，そのような人間に対し影響を与える壁や床や天井などの建築的要素の位置関係や質を決めることといえる．建築空間が人間に与える生活・行動の可能性，人間が建築空間から受ける印象などの感覚は，空間デザインによって変わり得る．空間を変えると人間に対する何かが変わる可能性がある．その可能性を開拓し人々に提供するのが空間デザインの意義であろう．

10.1 3次元空間としての建築空間

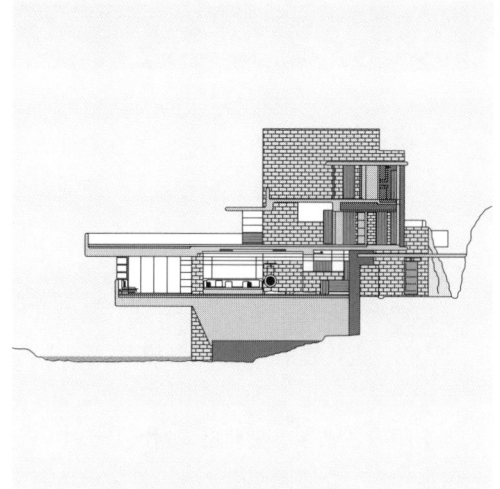

図 10.1 大空間 [1]

図 10.2 落水荘断面

図 10.3 借景 [2]

図 10.4 茶室

10.2 天井高の感覚

　空間の大きさ・形状が変化することによって，人間の体験，空間に対する感覚は影響を受ける．それゆえ，これからデザインしようとしている空間がどのような空間であるべきかを考えて，空間の大きさ・形状は慎重に決められなければならない．

　C. アレグザンダーは室空間の**天井高**は，それぞれの室で行われることや人数に応じてそれぞれに相応しい寸法に決められるべきだと主張した（図 10.5）．

　しかし，近代建築では，床が先ず決められ，間仕切りが後で決められる，ル・コルビュジェのドミノ（図 10.6）のようなシステムがとられることが多い．それは空間のさまざまな利用に対応しやすいシステムである．しかし，そうすると階高が均一な空間が生まれ，部屋の種別や大きさに関わらず天井高が一定になりやすい．

　また，コストの観点から天井高をあまり高くしないようにする傾向もある．現在では，こうして多くの建物が均一な階高，天井高となっている．例えばほとんどの住宅の天井高は 2400 mm となっている．

　しかし近年では，空間の高さ方向へのひろがりに価値を見出し，従来より天井の高い居住空間も計画されている（図 10.7）．

　均一な天井高を再考し，より豊かな空間を求めるために，天井高だけでなく，空間の大きさ・形状，容積などがどのように知覚・認知され，またそれが人間にとってどのような心理・行動に影響を与えるのか，さらにどのような空間がより豊かな可能性を拓くのか，などについて人間の立場から検討する必要がある．

10.2 天井高の感覚

図 10.5 アレグザンダーのパタンランゲージ[3]
（Oxford University Press, Inc. より許可を得て掲載）

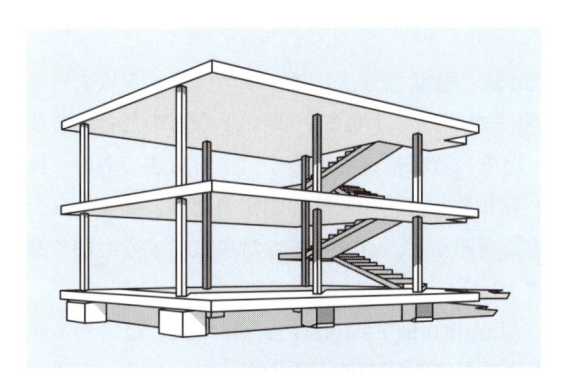

図 10.6 コルビュジェのドミノ[4]

(a) モデルルーム　　(b) 天王洲ビュータワー

図 10.7 1.5 層住宅

10.3　空間から感じる感覚のとらえ方

　空間は，視覚など，触れないで感じる感覚を中心としてとらえられることが主となる．それは手にとって何かするとか，頭をぶつける心配なく動けるとかいった，人間工学的に用ができればよいということをこえたもので，感覚的・心理的なことである．

　人間が室内にいて体験しながら感じるさまざまな感覚がある．

　室空間を人間がどのように知覚するかということに関しては，照度，採光などの物理的な要因についてだけでなく，雰囲気などの空間から受ける心理的な要因が注目されるようになり，**環境心理学**（P.90参照）という観点から，**SD法**，**因子分析**などの方法の導入・発展とともにさまざまな観点から行われるようになった．

　SD法（Semantic Differential法，意味微分法）は，オズグッドらによって1957年に開発された心理学測定法の1つで，「明るい–暗い」などの形容詞の反対語の対からなる尺度を用い，対象の意味構造を明らかにする方法である．因子分析と連動することが多い．もともと言語の意味の測定のために開発されたものであるが，色，かたち，建築空間など，さまざまな対象に対する心理や意識の評定に広く用いられる（図10.8）．

　また**マグニチュード推定法**（Magnitude Estimation Method）は，ある標準刺激をおき，ここから受ける感覚を例えば100としたときに，対象となる比較刺激から受ける感覚の大きさを，もし倍に感じれば200などと，標準刺激をもとにした数値で答えさせる方法である（図10.9）．

　このような空間の知覚・感覚は空間の中で感じるものである．実物大の模型を作り実験する（図10.10）のがよいが，縮尺模型を用いることもある．縮尺模型の方が空間の変数を変えやすいが，実体験はできなくなる．

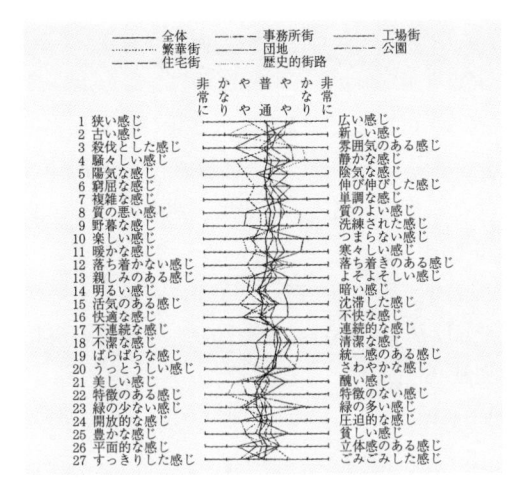

10.3 空間から感じる感覚のとらえ方

図 10.8 SD 法 [5]

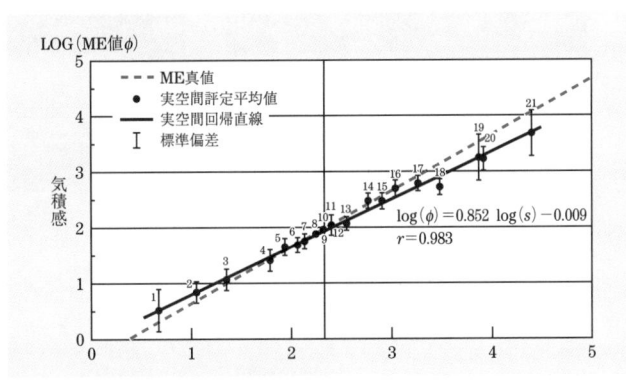

図 10.9 ME 法 [5]

$\log(\phi) = 0.852 \log(s) - 0.009$
$r = 0.983$

図 10.10 実物大模擬空間実験

10.4 開放感・閉鎖感

乾正雄他 (1972) は，模型実験（図 10.11）などにより，人が主に視覚によって受けとめる空間の大きさの感じを評価する指標として「**開放感**」を提案した．この開放感は価値観は含むものではないとし，開放感と照度，窓の大きさ，部屋の大きさと関係などを示した（図 10.12）．

外部空間が主な対象ではあるが，武井正昭他 (1977〜1981) は現場あるいは全景映写装置を用いての，ME 法や SD 法での心理評定を行い，建築物の視覚的な「**圧迫感**」を提案した（参考文献 [6]）．

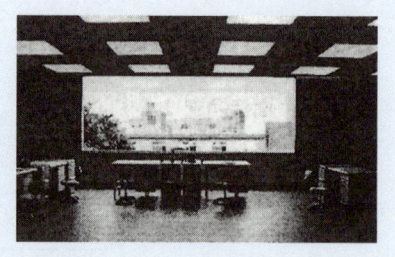

図 10.11　窓の開放感の実験 [6]

10.4 開放感・閉鎖感

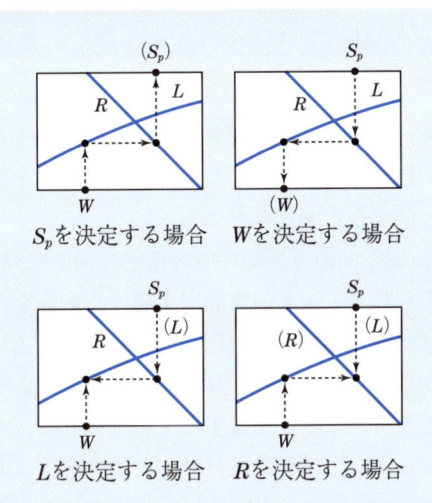

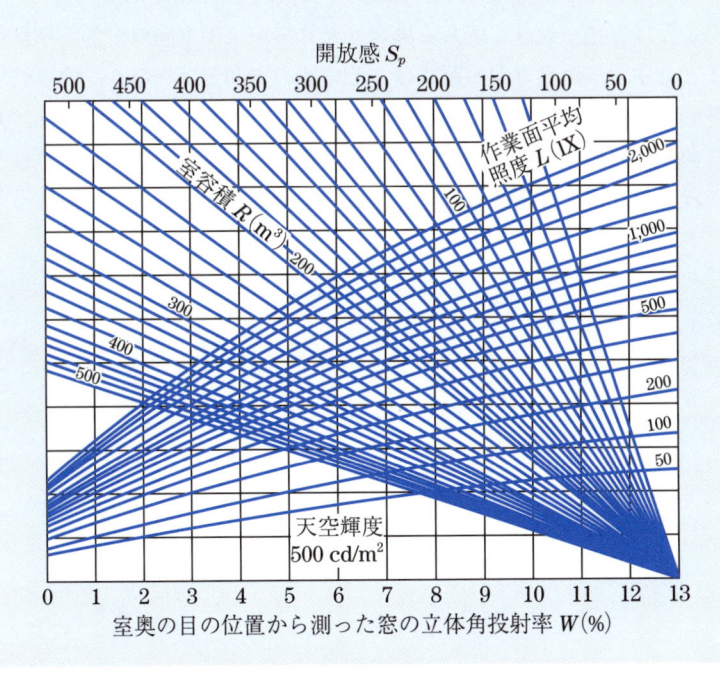

図 10.12 開放感の計算図表 [6]

10.5　空間の容積感

　建築空間を3次元空間として扱う以上，室空間の容積の意味は重要である．そのため容積が人々にどのように知覚されているか理解する必要がある．

　例えば，床面積が狭い空間でも天井高を高くし，容積を確保することによって狭さ感を補うことができるかどうかである．

　内田茂 (1979) は，室空間の「見かけの容積感」，広さ，狭さ感について，天井高や平面形を変えられる実物大の実験室を用いた実験を行い，天井高・平面プロポーションと見かけの容積，圧迫度との関係などを求めた（図10.13）．

　2つの同じ容積の部屋をつくり，一方は床面を少し狭くし，その分天井を高くして容積は同じとして，2室を比較する実験を行うと，2室の物理的容積は同じであるにも関わらず，この2室を比較した被験者達は床面積が狭く天井高の高い部屋の容積を0～10%大きく知覚した（図10.14，図10.15）．

　このことは容積を大きく感じる場合に天井高が水平方向の広さよりも効いていることを示す．鉛直方向の距離は，その他の方向とは異なり，物理的寸法以上に評価されたという証でもある．容積の知覚という意味においては，人間のまわりの空間の距離感覚は，重力方向の高さ方向は過大評価されているといえる．そうとなれば天井高を高くするということは大変重要な意味をもつ．

10.5 空間の容積感

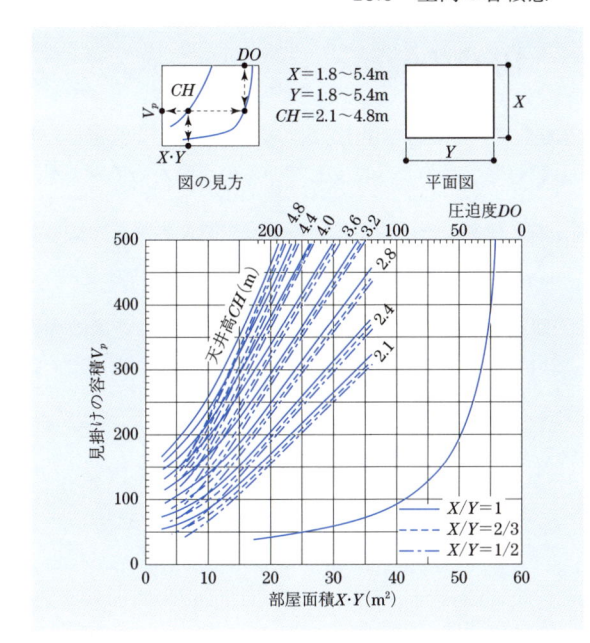

図 10.13 見かけの容積および視覚的圧迫感 [7]

図 10.14 天井高，平面の大きさが変えられる実験室 [8]

連続的に天井高の設定が可能．全ての壁面は天井高の上下に従い，2枚のパネルをスライドさせることにより連続的に設定される．

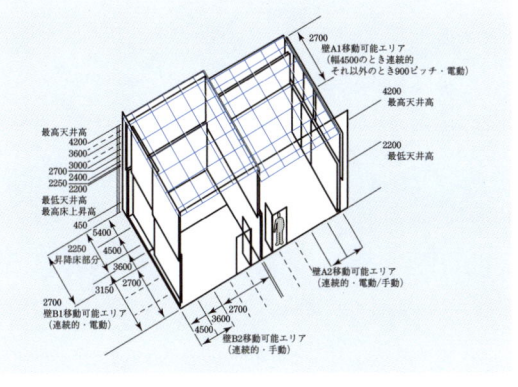

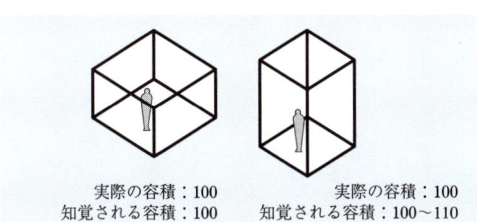

図 10.15 容積の知覚と床面積の関係 [9]

10章の問題

☐ **1** 自室，教室など，日常体験している空間の寸法（縦，横，天井高）を測定し，空間形状の特徴を把握し，それに対してどのように感じているのか確かめてみよう．

☐ **2** 問題1で測定した空間，有名建築，その他いろいろな室空間の容積を計算してみよう．

☐ **3** 空間を体験し，感動した場面を透視図に描いてみよう．どのような空間の特徴がどのような感覚に関連しているか考えてみよう．

11 行動によりとらえられる空間

　人間は動いて生活する．動くのは部屋の中だけではなく，部屋の外へ出て，部屋から部屋へ，建物から建物へ動いて生活する．都市空間へも拡がる範囲の中で，また様々な条件の中で，人間の動きをとらえ，それに関わる環境について理解しよう．

> **11章で学ぶ概念・キーワード**
> - 歩行，動線
> - ウェイファインディング
> - サインシステム
> - 群集行動

11.1 移動・歩行・動線

人々は環境の中で環境に依存して生活をしている．であるから人は環境の中で動き歩かなければならない．建築空間は人々の歩いてゆける環境を提供しているともいえる．建築空間は人々にとって必要なところ望むところにスムーズに到達できるアクセシビリティが等しく保証される必要がある．

人々の活動の場所をどのように配置するか，建築空間の平面をどのように配置するかは，それぞれの場所の遠さ近さの配置となり，それによって人々の活動は少なからず影響を受ける．

近くにあることは利便性にとって最も重要なことである．必要な目的地を近くに配置すること，**動線**を短くすることは，建築空間の平面計画上重要な条件となる（図 11.1，図 11.2）．遠回りをさせるようなデザインの環境ではしばしば人々はデザインの意図に反して近道をする（図 11.3）．また屋上など高所へ上らせて人々を誘導するのは簡単ではない．

活動の場を近くに配置することは意図しない活動・利用を生むこともあり得る．複合施設のように1つの建物にさまざまな施設があると，例えば図書館にきた人が，そこに集会施設があり，自分の好きな趣味のサークル活動があることを知り，ちょっと覗いてみようかなどという「**ついで利用**」を促すこともあり得る（図 11.4）．

大学キャンパスが学科別に建物が構成されていると学科内での交流が深くなるし，研究室棟と講義室棟に分かれていると学科というまとまりは薄くなり，学科外の学生同士の交流が生まれる可能性が大きくなる．

一方で，散歩などのように歩くこと自体目的となることがある．歩く環境は楽しく豊かな環境が求められる．ショッピングモールでは目的の買い物だけに終わらせずに，さまざまな商品が目にとまるような歩き方ができることが求められる．

しかし，長い距離を歩くことは生理的心理的負担になる．美術館の展示空間，駐車場からの距離など長くなりすぎないような配慮も求められる．

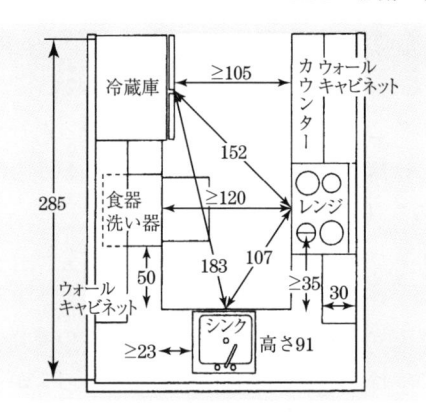

11.1 移動・歩行・動線   119

図 11.1 台所における動線 [1]
（単位は cm）

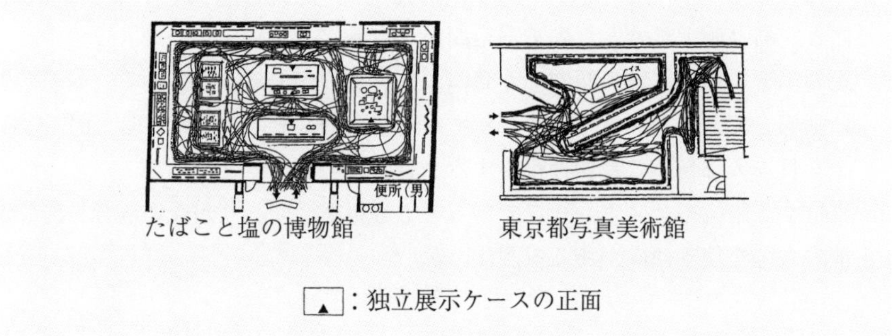

図 11.2 展示物と動線 [2]

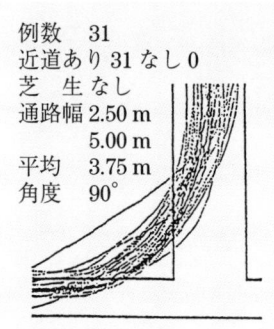

▲：独立展示ケースの正面

たばこと塩の博物館　　東京都写真美術館

例数　31
近道あり 31 なし 0
芝　生　なし
通路幅 2.50 m
　　　5.00 m
平均　3.75 m
角度　90°

図 11.3 近道行動の軌跡 [3]

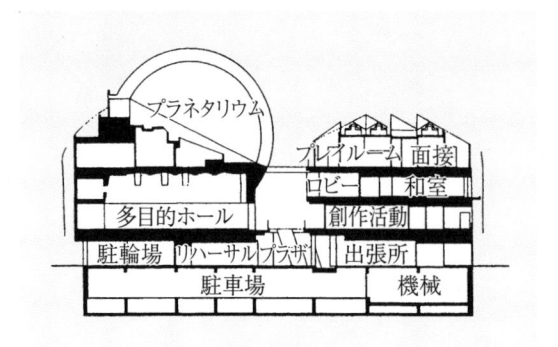

図 11.4 人々のついで利用を期待する公共施設 [4]

11.2　歩行の特性・くせ

　どのような場合の**歩行**にしても，歩くことは諸感覚を使い全身を使った行動である．二足歩行ロボットを作ることは簡単ではない．そのことからわかるように歩くことはかなり高度な行動である（図 11.5）．

　また，歩くことだけでなく，立ち止まったり休息したり，さまざまな行為の複合でもある．

　歩くための空間には，安全性，歩きやすさが求められる．また 2 本の脚で歩くだけではなく杖や車椅子を使っての歩行もある（図 6.8）．荷物をもちながらの歩行もある．

　歩行とはダイナミックな行動の連続でありこれを可能にするのは平らな床面・地面と左右と頭上にゆとりのある空間がとなる．

　人の歩きにはある種の傾向・くせのようなものがあることがある．前述のように動線をできるだけ短くしようとする近道行動もその 1 つである（図 11.3）．

　また日本人は自然に左側通行をするとされている．

　平行する階段やエスカレータでどちらでも距離に変わりがない場合，何故か手前のものを使う傾向がある（図 11.6）．

11.2 歩行の特性・くせ　　　**121**

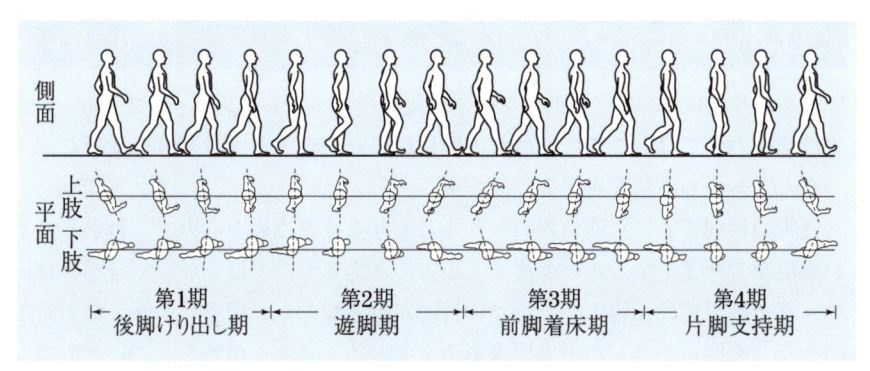

図 11.5　歩行動作 [5]

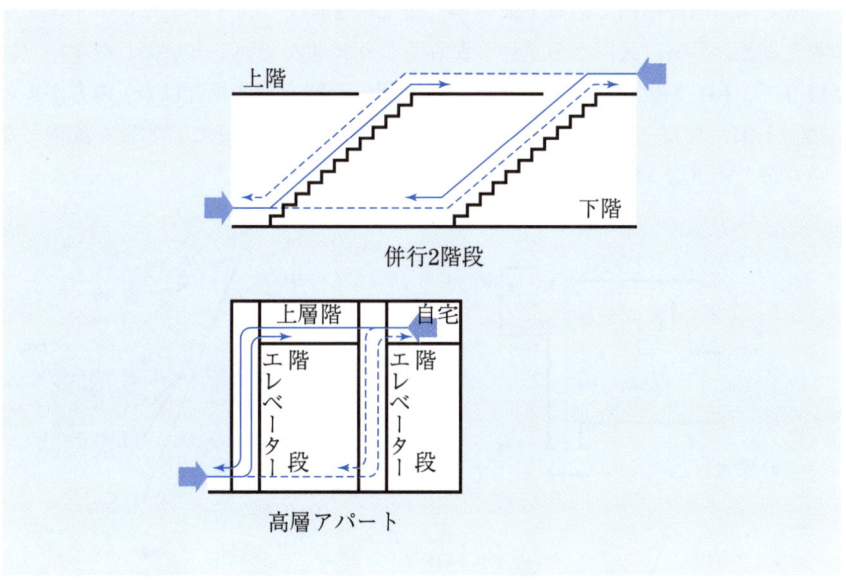

（側面／平面　上肢・下肢）
第1期　後脚けり出し期
第2期　遊脚期
第3期　前脚着床期
第4期　片脚支持期

併行2階段
上階／下階

高層アパート
上層階／自宅
階段　エレベーター

図 11.6　歩行者の経路選択の例 [6]

11.3 ウェイファインディング

不慣れな環境において目的地を探す行動を**ウエイファインディング**という．建築計画においては，ここで行われる問題解決行動と思考プロセスを分析し，迷わなくてもすむ方法を考える必要がある．

建物の種別ごとに経路に求められるわかりやすさは異なるので，わかりやすい環境をデザインするための決まった方法があるわけではないが，空間のゾーニングと利用者像を特定し，移動の目的が娯楽なのか，用務なのか，緊急時なのかなどを明らかにした上で要求事項をまとめ，必要な情報をどこにどのような方法で提供するかを考えることが求められる（図11.7）．

例えば，図書館内である1冊の本（書架）を探すウェイファインディングを考えると，書架は入口から見通しが利くように並んでいる方が探しやすい（図11.9で，(a)よりも(b)）．また書架の中間に通路を通す場合は(c)の方がよい（図11.9）．ロビーからかくれた場所がある場合(e)は，そこに本棚を配置しない方がよい（図11.9）．

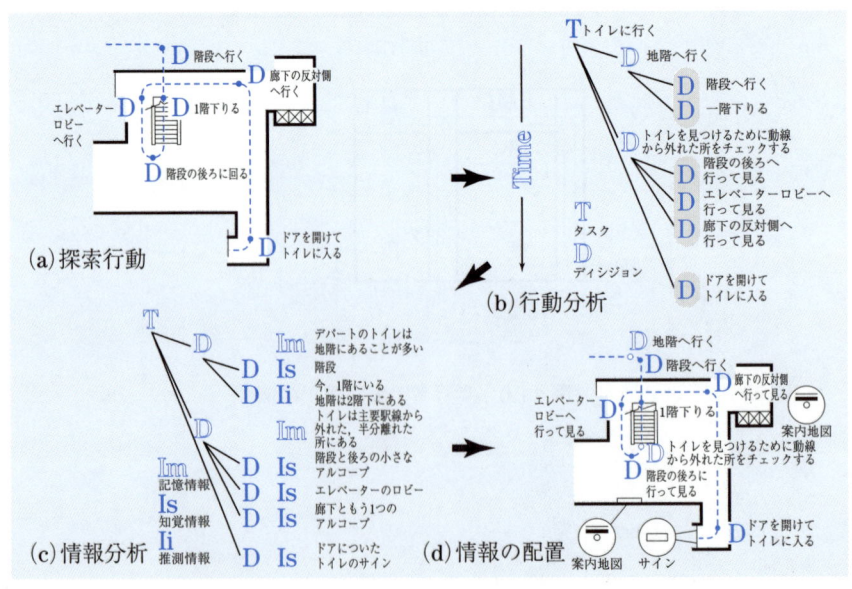

図11.7 トイレを探す行動の記述[7]

11.3 ウェイファインディング

1 分析：ウェイファインディング・タスク（WAY FINDING TASKS）
タスクは目的ゾーンごとにグループ化する．ゾーンは，特徴の似通った空間ごとにまとめ，ユーザーが認知するセッティングの構成にそったものでなければならない．タスクは「セッティングの出入口から目的ゾーンへ行く」「あるゾーンから他のゾーンへ行く」「ゾーンの中のある場所から他の場所へ行く」などと表現される．

2 分析：ユーザー像（USER PROFILE）
主要なユーザーのセッティングに対する知識の度合いを調べ，アクセスや情報処理に関する特別な要求を明確にする．

3 分析：ウェイファインディングの状況（WAY FINDING CONDITIONS）
どのような状況下（娯楽，用務，緊急）のタスクであるかを明確にし，目的地に到達するための記述を効果的なレベルで行う．それはウェイファインディングの経験を豊かにすることでもある．

4 総合：デザインの要求（DESIGN REQUIREMENTS）
デザインの要求は，分析したタスク＝ユーザー＝状況を総合することで明らかになる．主要な動線，主要なユーザーグループ，状況の緊急性などの関連を調べ，特別な注意が必要とされているか否かを明らかにする．

5 解決：ウェイファインディング（WAY FINDING SOLUTIONS）
意思決定とその実行プロセスを支援する情報システムを用意するために，選択される経路の形と意思決定のダイヤグラムにうまく対応するウェイファインディング行動を予測する．ダイヤグラムの作成には，行動先行型と概念先行型の2つのテクニックがある．

6 支援情報（SUPPORTIVE INFORMATION）
意思決定ダイアグラムに必要とされる情報を同定する．情報はユーザーがもっている情報と，建築，空間エレメント，サインシステムとして提供される情報とに分けられる．ウェイファインディングのスタイルと障害者などスペシャルユーザーの要求，ウェイファインディングの状況によって計画すべき情報の性質も変わる．

7 解決：デザイン（DESIGN SOLUTION）
意思決定に必要な情報を提供する最適な場所をノーテーション・システムにより決める．あるセッティングのウェイファインディングに必要な全体的な支線システムは，すべての主要なノーテーションを重ね合わせることで導かれる．

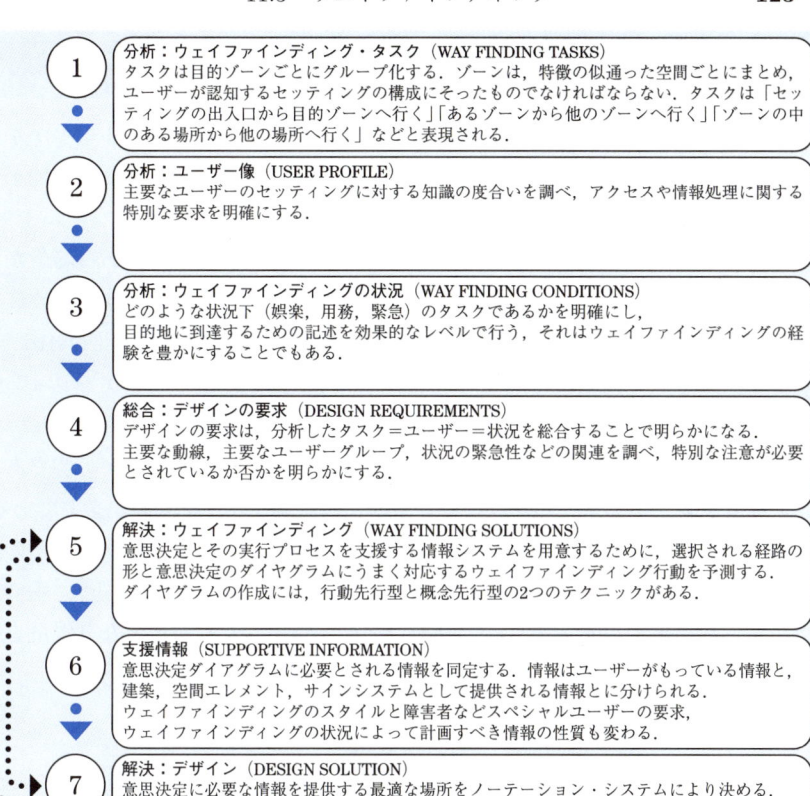

図 11.8 ウェイファインディングデザイン [7]

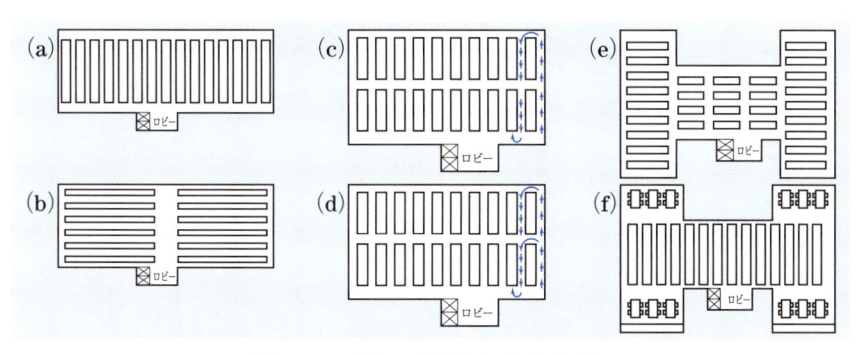

図 11.9 書架の配置と探索行動 [8]

11.4　サインシステム

　目的地へ移動するために人々はその都度環境の中から適切な目印や手がかりとなるエレメントを抽出し，それを参照することによって現在地と目的地を定位する．

　環境から読みとる情報には，その場所そのものに関する情報，ある場所から他の場所の方角に関する**オリエンテーション**情報，目的の方角にゆくためにどのような経路を選べばよいかという**ナビゲーション**情報がある（図 11.10）．

　サインはそれを人工的に用意したものであり，位置サイン（ロケーション情報），誘導サイン（オリエンテーション情報），案内サイン（地図）（ナビゲーション情報）がある（図 11.11 (a)）．サインに頼らない空間構成が必要であるという考え方があるが，わかりにくい空間には適切なサイン計画が必要である．

　案内図は図上に現在地が描かれていること，近くに見える手がかりがその地図上で確認できることがわかりやすさの条件となる（図 11.11 (b) 上）．垂直に掲示する場合，上方を前方に合わせないと図と環境の左右が逆となり混乱を生じる（図 11.11 (b) 下）．

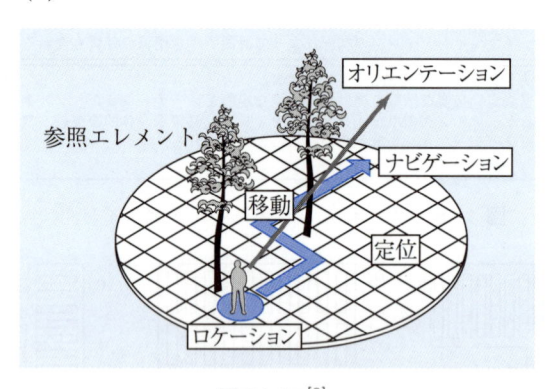

図 11.10 [9]

11.4 サインシステム

図中ラベル:
- 広域避難場所誘導サイン
- 誘導サイン+位置サイン
- [インフォメーションゾーン(自立型)] サブ誘導サイン+案内サイン
- [インフォメーションゾーン(自立型)] サブ誘導サイン+案内サイン+情報ディスプレイ
- 誘導サイン
- 位置サイン
- [インフォメーションゾーン(自立型)] サブ誘導サイン+案内サイン+情報ディスプレイ
- [案内所(有人ブース)]
- [インフォメーションゾーン(外壁付)] サブ誘導サイン+案内サイン+情報ディスプレイ
- 広域避難場所誘導サイン
- [インフォメーションゾーン(自立型)] サブ誘導サイン+案内サイン+情報ディスプレイ
- 広域避難場所誘導サイン
- 誘導サイン+位置サイン

吊下げ型の誘導サイン
- 西口・南幸口 →
- ← 東急線・MM21　相鉄線・地下鉄 →
- ← 西口バスターミナル・タクシー →
- エレベーター →
- ← びゅうプラザ・行政サービスコーナー
- ← JR駅長室・鉄道警察隊
- ← 広域避難場所

自立型のサブ誘導サイン

- ← 西口・南幸口
- シャル
- ザ・ダイヤモンド
- 岡田屋モアーズ
- 三越
- 相鉄ジョイナス
- 高島屋
- ルミネ
- ダイエー
- 横浜東急ホテル
- 横浜ベイシェラトンホテル&タワーズ
- 県政総合センター
- 西公会堂
- 岡野福祉会館
- 育生会横浜病院

右列:
- ← 西口バスターミナル
- 第1バスのりば
- 三ッ沢グランド他方面
- 第2バスのりば
- 平和台他戸塚駅方面
- 第3バスのりば
- 六角橋川名町他方面
- 東口バスターミナル
- みなとみらい'21地区 他方面
- YCAT
- 羽田空港 成田空港行

位置サイン
- JR線南改札口
- エレベーター

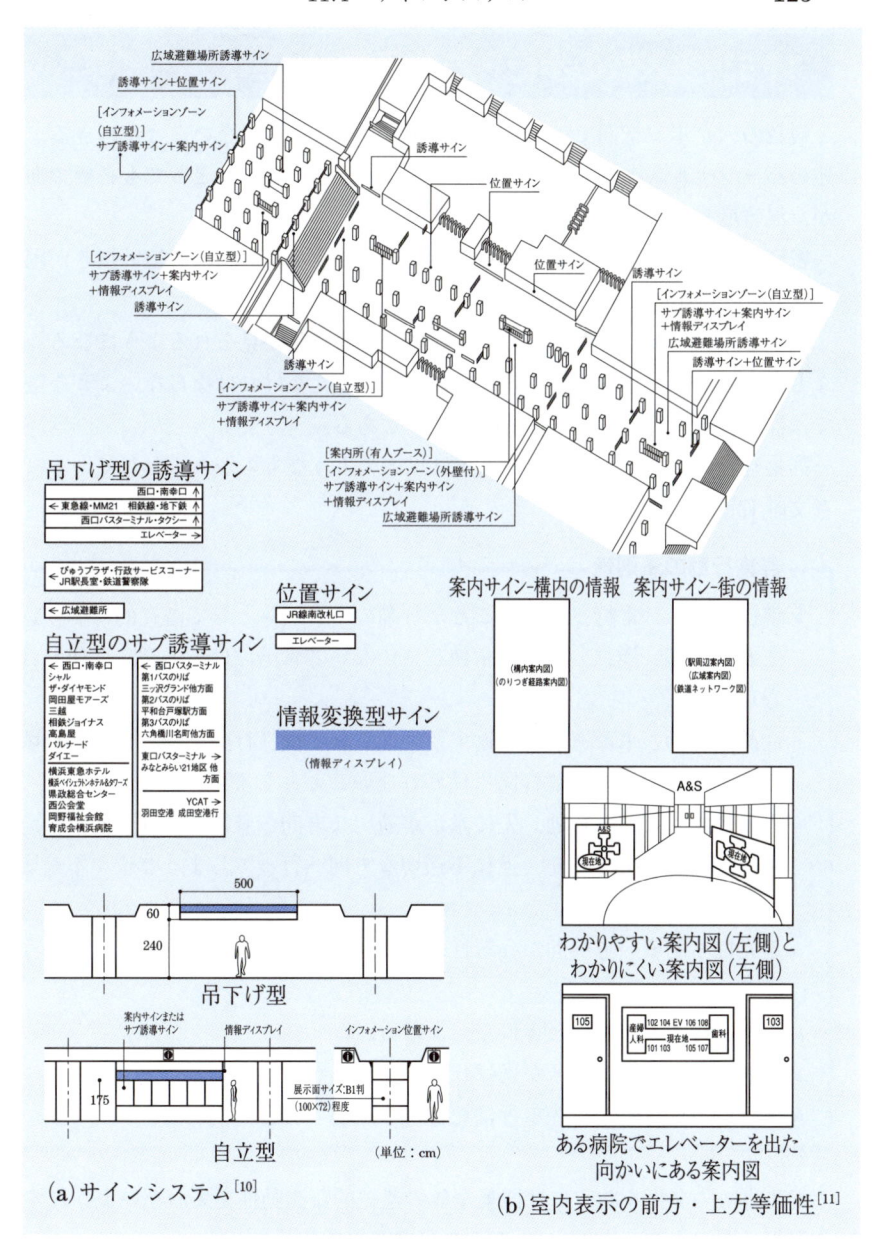

情報変換型サイン
- (情報ディスプレイ)

案内サイン-構内の情報 / **案内サイン-街の情報**
- (構内案内図)(のりつぎ経路案内図)
- (駅周辺案内図)(広域案内図)(鉄道ネットワーク図)

A&S

わかりやすい案内図(左側)と
わかりにくい案内図(右側)

寸法図:
- 500
- 60
- 240
- 175
- 展示面サイズ:B1判 (100×72) 程度
- (単位:cm)

吊下げ型 / 自立型

案内サインまたはサブ誘導サイン / 情報ディスプレイ / インフォメーション位置サイン

(a) サインシステム[10]　　(b) 室内表示の前方・上方等価性[11]

ある病院でエレベーターを出た向かいにある案内図

図 11.11

11.5 多人数の歩行・群集行動

複数の人が歩く空間では，1人の人間だけでは見られないことが起きる．前述のパーソナルスペース（第7章参照）は歩行中の人間にとっても必要であるが，混雑度や人の流れと関連する．

密度1人/m^2 まで自由に追い抜きができるが，1.5人/m^2 で追い抜きが困難となり，2人/m^2 で停滞が始まる．

人がさらに集まり**群集**となると，群集特有の行動が見られるようになる．駅など多くの人が集まる空間，非常時の避難を考えなければならないような空間では群集特有の行動特性を理解する必要がある．

群集行動の法則性として岡田光正は以下のようなものがあるとしている（参考文献 [7]）．

群集行動の法則性

- **慣性行動**：日常行っていることが行動のパターンとして潜在的に刷り込まれている．逆にいうと日常使っていない非常階段は，非常時に使われない．
- **逆戻り行動**：来た道を引き返す習性．これと慣性行動を合わせると日頃から慣れていない避難経路は使われないこととなる．
- **先導効果**：人まね行動．先に誰かが適切な方向へ避難すれば皆後に続いて適切に避難できるが，逆に不適切な方向へ行ってしまうと皆が不適切になる．
- **走光性**：明るい方へ向かう習性．避難階段が暗ければ人はそこへ進もうとしない．
- **左側通行**：とっさのときに左へよける．
- **近道行動**：最短コースが選ばれる．
- **スラローム行動**：自然歩行は蛇行する．

群集事故の発生を防ぐには群集全体の連続的な流動性を失わないようにすることが必要であり，表11.1のような配慮が求められる．

11.5 多人数の歩行・群集行動

表 11.1 群集流の処理方法 [12]

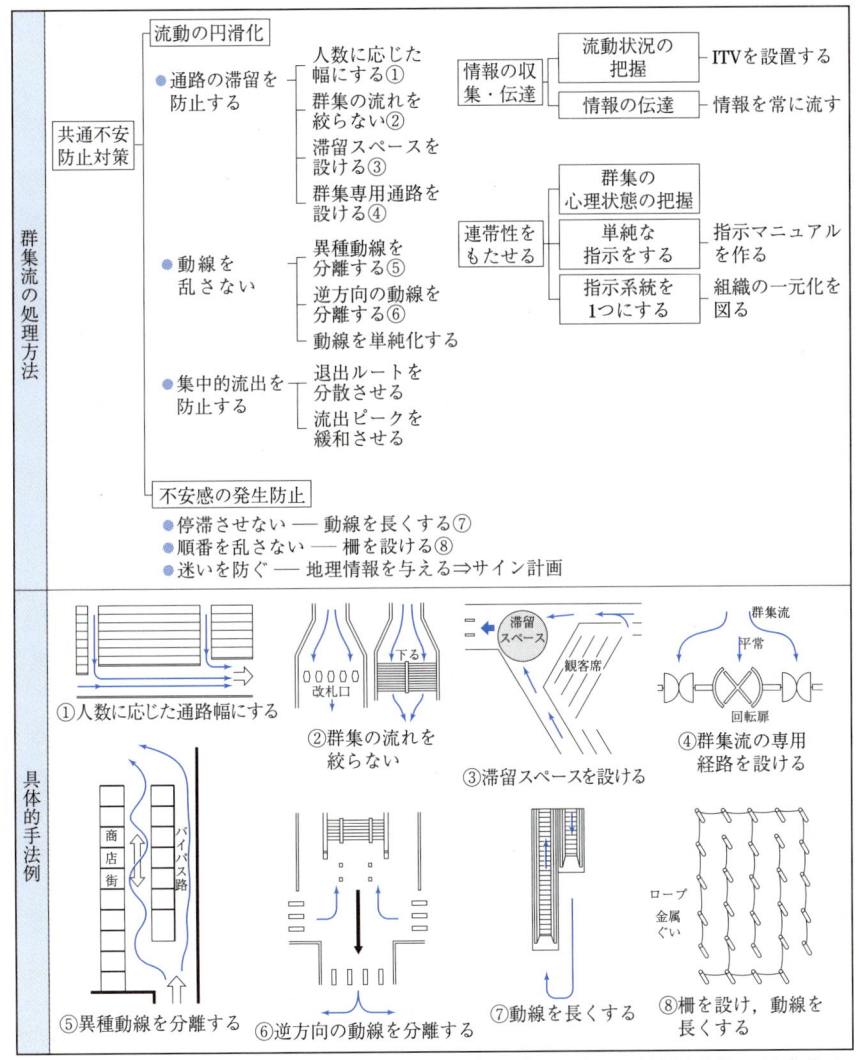

群集流の処理方法	共通不安防止対策	流動の円滑化			情報の収集・伝達	流動状況の把握	ITVを設置する
						情報の伝達	情報を常に流す
		●通路の滞留を防止する	人数に応じた幅にする①		連帯性をもたせる	群集の心理状態の把握	
			群集の流れを絞らない②			単純な指示をする	指示マニュアルを作る
			滞留スペースを設ける③			指示系統を1つにする	組織の一元化を図る
			群集専用通路を設ける④				
		●動線を乱さない	異種動線を分離する⑤				
			逆方向の動線を分離する⑥				
			動線を単純化する				
		●集中的流出を防止する	退出ルートを分散させる				
			流出ピークを緩和させる				
		不安感の発生防止					
		●停滞させない ── 動線を長くする⑦					
		●順番を乱さない ── 柵を設ける⑧					
		●迷いを防ぐ ── 地理情報を与える⇒サイン計画					

具体的手法例:

①人数に応じた通路幅にする
②群集の流れを絞らない
③滞留スペースを設ける
④群集流の専用経路を設ける
⑤異種動線を分離する
⑥逆方向の動線を分離する
⑦動線を長くする
⑧柵を設け,動線を長くする

注:上表の数字①〜⑧は下欄の手法例番号に対応する.

11章の問題

☐ **1** 1日の航跡をたどってみよう．どのような空間でどのような活動を行っているか，その間の移動はどのように行っているか．

☐ **2** 廊下型，ホール型，吹き抜けの有無など建物の内部空間の作りによってウェイファインディングがどのように異なるか実験してみよう．

☐ **3** 今いる建物の非常口はどこか．実際に安全な場所に出られるか確かめてみよう．そのとき困難があったかどうかも確かめよう．

12 記憶，認知の中の空間

　1つの建築は多くの室空間から成る．また都市，地域は多くの建築物から成る．今いるこの部屋の外にたくさんの見えていない空間がある．今見えていない多くの建築・都市空間も含めた中を我々は行動し生活している．そのような一望できない空間を人間はどのように認知しているだろうか．建築・都市空間の物理的形態との関係を含め理解しよう．

12章で学ぶ概念・キーワード
- イメージ，認知
- 生活領域

12.1　一望できない空間の認知

　建築物は，単位となる一望して見渡せる空間（室空間）が多数複合して構成されている．さらに建築物は都市・地域を構成している．そのようにしてつくられる建築，建築群，都市・地域空間には，ある人から一望できない多くの空間があるが，それらの中も生活行動の場となっている．

　そのような一望できない空間も含めて，人間はどのように建築・都市空間を認知し行動するか．人間は日常の行動の積み重ねによって空間的**イメージ**を構築する．空間的イメージは，一望できない地域内の行動において自分のいる場所を指示するために参照され，目的地までの道筋を見つける手がかりとなる．そしてそれが建築・都市空間のデザインと関わっている．

　人間が一望できない空間をどのようにとらえているか．空間的イメージとはどのようなものか．それを調べることは簡単ではないが，その建築・都市空間を略地図（**スケッチマップ**）として描画してもらうことによって，その人がそれをどのように認知しているかの一端を探ることができる．

　その描画（スケッチマップ）にはその人が認知している建築・都市空間が描かれる．スケッチマップは実際の地図や平面図とは異なり不正確に描かれることが多い．スケッチマップに表れるゆがみや間違いは，人間は環境を必ずしも正確にとらえているわけではないことや，イメージのゆがみや間違いの一端を示すものともいえる．イメージにおいて，方向はねじ曲げられ，距離は引き延ばされたりする．しかし場所と場所のつながりなどのシークエンスは正確である場合が多く，必ずしも日常行動を誤らせているわけではない．イメージのゆがみは人間の認知特性や日常行動パターンが反映したものともいえる．

12.1 一望できない空間の認知

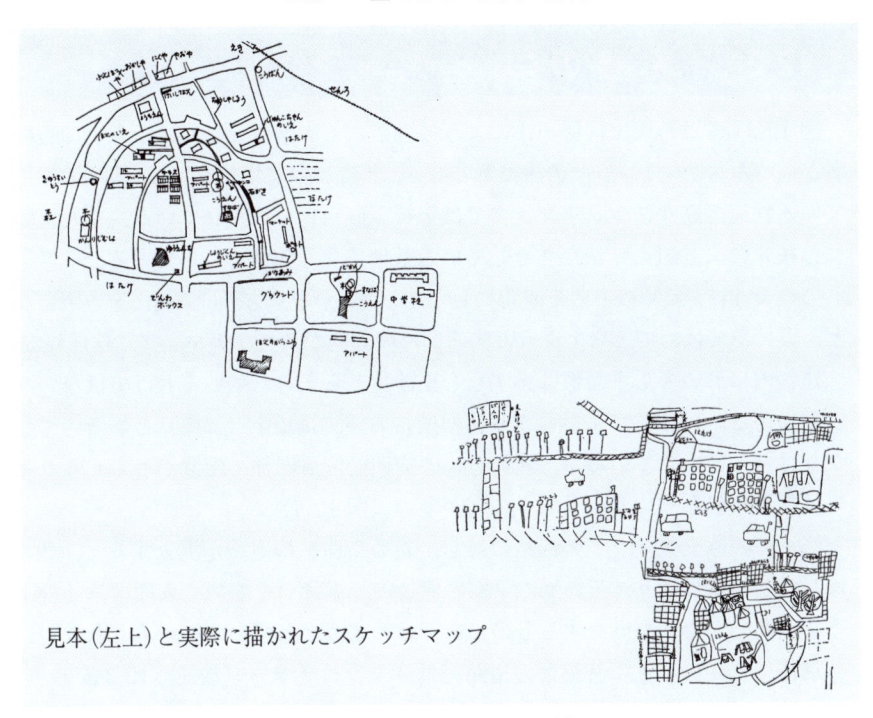

見本(左上)と実際に描かれたスケッチマップ

図 12.1 スケッチマップ[1]

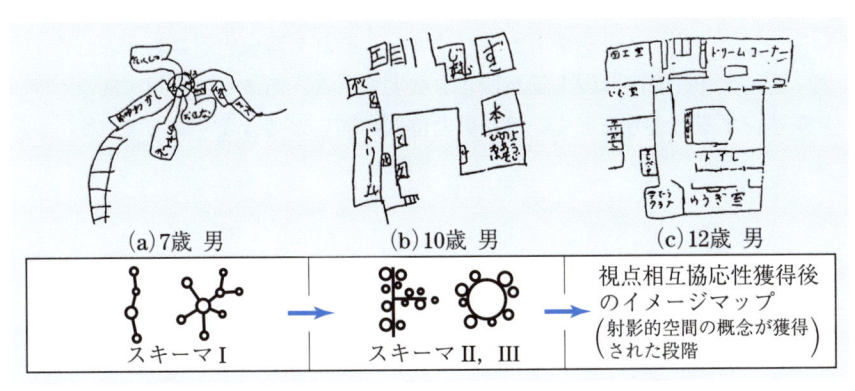

(a) 7歳 男　　(b) 10歳 男　　(c) 12歳 男

スキーマ I → スキーマ II, III → 視点相互協応性獲得後のイメージマップ（射影的空間の概念が獲得された段階）

図 12.2 建築の内部空間のスケッチマップ（高橋鷹志）[2]

高橋・井田らは，児童館のスケッチマップを，児童の認知の発達に応じて3段階に分けている．部屋と部屋のつながりは初期段階からとらえられているが建物全体の構成がとらえられるのは高学年になってからである．

12.2　イメージのゆがみ

　図 12.3(a) は地図で同図 (b) のように表される大学キャンパスを多くの被験者が描いたスケッチマップの典型例である．実際には建物軸に対して斜めになっている鉄道線路がスケッチマップでは平行（直角）に描かれている．また実際には複雑に入り組んだかたちをしている敷地境界を四角く描いている．

　このように，斜めのものを直角にしたり，長方形を正方形に，楕円を正円になど，型にあてはめてとらえようとする人々の傾向がスケッチマップに見られる．

　建物内においても平面形は必ずしも正確にとらえられているわけではないことが伺える．12.1 節でも触れたが，初期においては場所（部屋）と場所のつながりはとらえられているか，建物全体の空間的位置関係・配置がとらえられるのは高学年になってからということが多い（図 12.4）．

　格子状の直交グリッドの街路に対し，斜めや曲線の道路が混入すると，我々はしばしば道に迷う．三角形の平面の建物内でも迷いやすい．人間は，そのような空間のかたちを直交するものにあてはめようとしているのかもしれない．

　京都や札幌のように碁盤目の道路網はストラクチャー（後述，12.3 節参照）として空間的イメージを定着させる枠組みとなっている．しかしこのような碁盤目状の街でも多くの交差点が同じかたちをしているとどこにいるかわからなくなってしまう．ストラクチャーだけでなくそれを形成するエレメントのアイデンティティ（後述，12.3 節参照）も必要である．あまりにも規則的なパターンが連続すると番号などをつけないと位置の同定ができなくなってしまう．

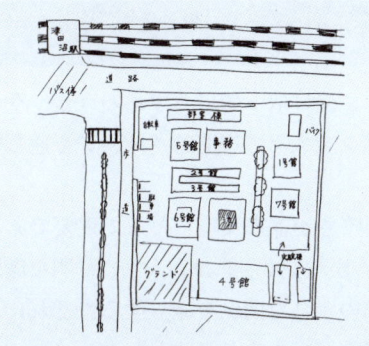

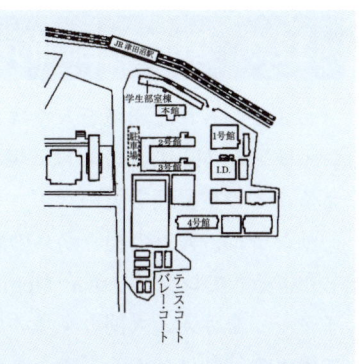

12.2 イメージのゆがみ　　　133

(a) 学生の描いたC大学キャンパスの地図　　(b) 実際のC大学キャンパスの地図

図 12.3　学生の描いたC大学のスケッチマップと実際のC大学の地図

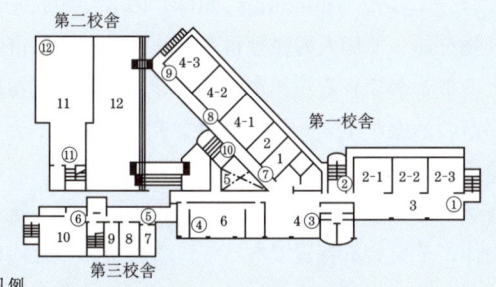

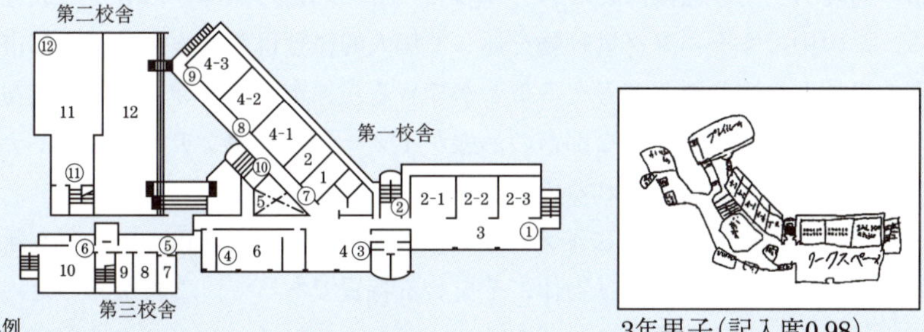

凡例
1:TR(職員室)　2:帰国A(帰国子女クラス)　3:2年生のワークスペース
4:2階のメディア教室　5:吹抜け　6:造形室　7:校長室　8:応接室
9:副校長室　10:会議室　11:プレイルーム　12:プレイコート
①〜⑫:実験で児童に推定させた地点

(a) 調査対象の平面図

3年男子(記入度0.98)
(b) スケッチマップに
　　みられる誤りの例

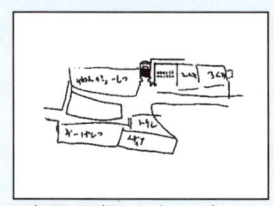

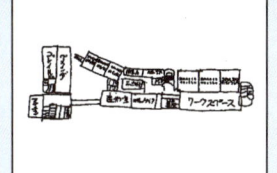

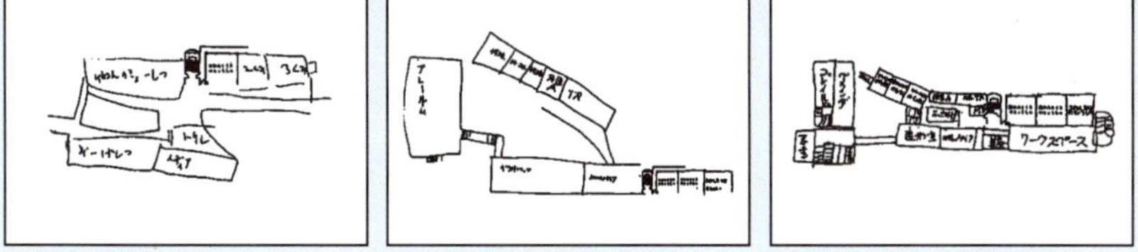

2年男子(記入度0.39)　　3年男子(記入度0.50)　　5年男子(記入度0.94)
(c) スケッチマップと記入度(生活年数が長いほど正確に記入する)

図 12.4　児童による小学校のスケッチマップ[3]

12.3　環境の空間的イメージ

デザインされた環境を人々はどのように受け取っているであろうか．**ケヴィン・リンチ**（K. Lynch）は，環境デザインを人々の空間的イメージを通して考えることの重要性を説いた．

リンチは，人々の視点からの眺めの明瞭さが都市環境にとって重要であるとした．そして**レジビリティ**（legibility：わかりやすさ）は，人々に鮮明な環境のイメージを与え，人間と環境の間に調和のとれた関係を確立する．それによって人々の行動はスムーズになり情緒の安定がもたらされるとした．

この環境のイメージには，**アイデンティティ**（identity：その場所であることの個性のようなもの），**ストラクチャー**（structure：道路パターンなどの都市の物理的空間形態の構成），**ミーニング**（meaning：意味）の3つの成分がある．この中でミーニングは経験を通して個人的に獲得されるもので，都市の物理的形態から切り離して考えることができる．都市デザインにおいて最初に考えるべき問題はどのような都市の形態がイメージに鮮明なアイデンティティとストラクチャーを与えられるのかということである．

リンチは都市デザインに**イメージアビリティ**（imageability）という新しい価値観を提唱した．それは物体にそなわる特質であって，これがあるためにその物体があらゆる観察者に強烈なイメージを呼び起こさせる可能性が高くなるというものである．

リンチは，ボストンなどに居住する一般市民に，ヒアリング調査やスケッチマップ調査などを行い，図12.6のような一般市民がもつ都市のイメージを表す図を作成した．

12.3　環境の空間的イメージ　　135

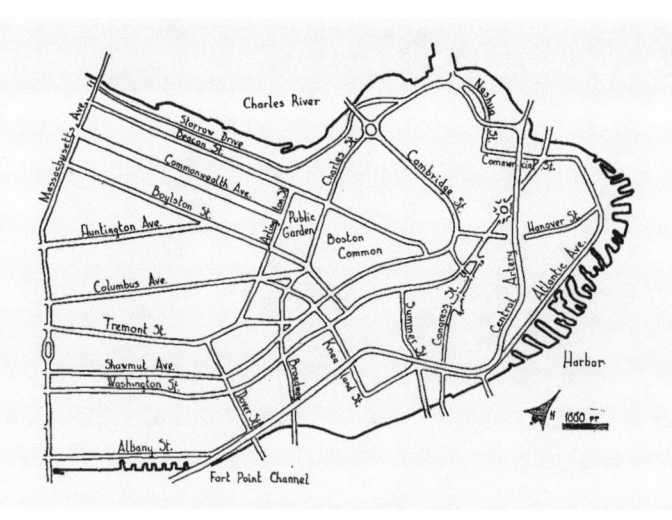

図 12.5　ボストンの略地図 [1]

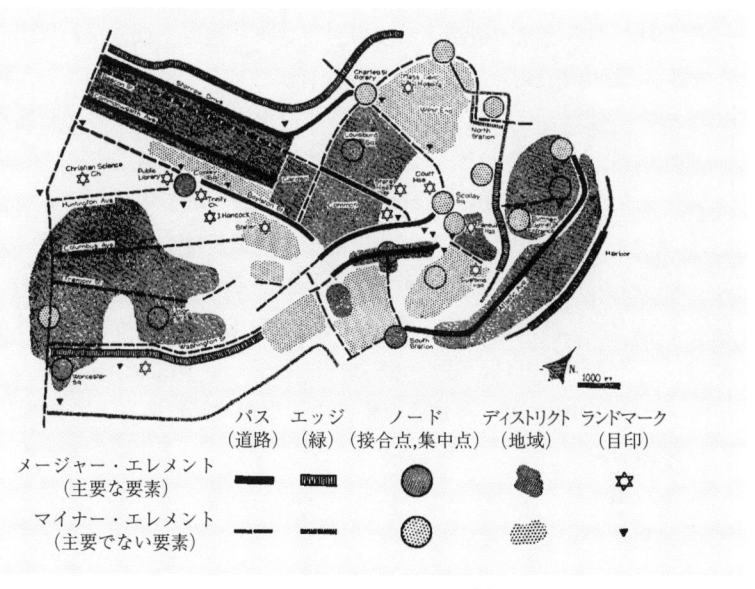

図 12.6　ボストンの視覚的形態 [1]

パス　エッジ　ノード　ディストリクト　ランドマーク
（道路）（緑）（接合点,集中点）（地域）（目印）

メージャー・エレメント
（主要な要素）

マイナー・エレメント
（主要でない要素）

12.4　5つのエレメント

前ページのボストンのイメージ図は5種類のエレメントにより表されている．5つのエレメントは**パス**（**paths**），**エッジ**（**edges**），**ディストリクト**（**districts**），**ノード**（**nodes**），**ランドマーク**（**landmarks**）と呼ばれる．パスとエッジが線状，ディストリクトが面状，ノードとランドマークは点的なエレメントである．

都市のイメージの内容は，物理的な形態に帰せられるが，この5つのエレメントのタイプに分類することができる．

イメージが豊かに抱ける都市とは，無機的に均一な都市空間ではなく，これらのエレメントが適度に見出せるようなめりはりのある都市だといえる．さらにそれが人々にとって感じられるような程良いスケールであることも必要である．

都市の5つのエレメント（図12.7参照）

- **パス（paths）：道路**：観察者が日頃あるいは時々通る，もしくは通る可能性のある道筋．街路，散歩道，運送路，運河，鉄道など（図 (a)）．
- **エッジ（edges）：縁，境界**：観察者がパスとしては用いない，あるいはパスと見なさない線状のエレメント．海岸，鉄道線路の切り通し，開発地の縁，壁など，2つの局面の間にある境界（図 (b)）．
- **ディストリクト（districts）：地域**：中から大の大きさをもつ都市の部分であり，2次元のひろがりをもつ．観察者は心の中で「その中に」はいるものであり，また何か独自の特徴がその内部の各所に共通してみられるために認識される．通常は内部から認識されるが，もし外からも見えるものであれば，外からも参照されている（図 (c)）．
- **ノード（nodes）：接合点，集中点**：都市内部にある主要な地点である．観察者がその中に入ることができる点であり，そこへ向かったり，そこから出発したりする強い焦点である．接合点，交差点，広場など．パスが集合するところ（図 (d)）．
- **ランドマーク（landmarks）：目印**：点であるが，観察者はその中にはいらず，外部から見る．建物，看板，商店，山など（図 (e)）．

12.4 5つのエレメント

(a) パス(渋谷公園通り,東京都)

(b) エッジ(隅田川,東京都)

(c) ディストリクト(ほぼ一定の階層の住宅が並ぶ住宅地)

(d) ノード(渋谷ハチ公広場,東京都)

(e) ランドマーク(サンシャイン60ビル,東京都,低層の住宅地から垣間見える高層ビルは地域の目印となる)

図 12.7 5つのエレメント

12.5　生活領域

　空間的イメージの形成は日常行動に大きく関連する．日常行動を積み重ねることにより，その空間に親しみ，自分のものと考えられるようになる．
　そのことはスケッチマップに反映される．よりよく知っているところのことはより豊かにスケッチマップに描画される．
　鈴木成文等はこの方法によって集合住宅地における居住者の生活領域を調査し，配置計画が居住者のイメージに与える影響を指摘した．

> 「人々は住宅地の中で生活するときは，その空間に親しみ，自分の住戸を中心にその周囲に自分のものと考えられる空間，すなわち領域を形成してゆく．これはおそらく，いわゆる生活圏（行動圏）よりはひろいであろう．彼がその住宅地を認識し理解し，そしてそれを自己との直接の関係で把握したとき，彼は「生活領域」とでも呼ぶべきある空間を領有すると考えることができる（鈴木成文：鈴木成文住居論集　住まいの計画・住まいの文化，彰国社，1988 より）」

　その生活領域はスケッチマップに描かれた領域と関係づけられる．
　団地全体に均質な平行配置の草加松原団地と，グルーピングや場所の特徴づけが行われている高根台団地の，それぞれの居住者の子どもに描かせたスケッチマップを比較すると，草加松原団地のある児童のスケッチマップでは，ただ沢山の住戸を描いただけで，単調で均質で多数の住棟が並ぶだけという特徴が強調されたイメージを表すスケッチマップが描かれ，この児童の生活領域の住宅地内での範囲が曖昧なものとなっている．それに比べ，高根台団地の児童のスケッチマップでは，テラスハウスの地域，分譲宅地の地域などのグルーピングが描かれ，団地全体に広く認知圏が拡がっている様子がわかる．
　望ましい都市空間は，均質なものではなく，リンチの5つのエレメントが認識できるような，適度にメリハリのある空間構成なのであろう．

12.5 生活領域　　　　　　　　　　139

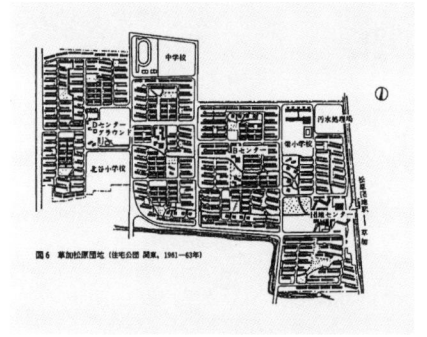

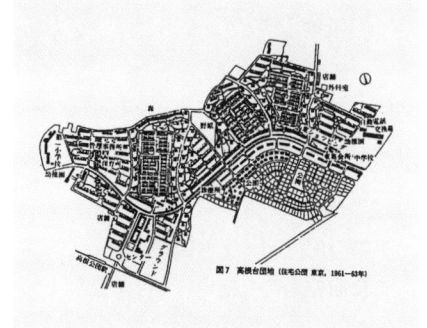

図 12.8 草加松原団地 [4]　　　　**図 12.9** 高根台団地 [5]

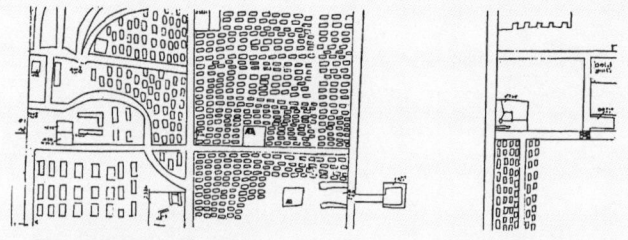

(a) たくさんの住棟を描いた絵
　　埼玉県草加松原団地の2年女子．住棟が単調に配置された団地では，こんな絵もある．

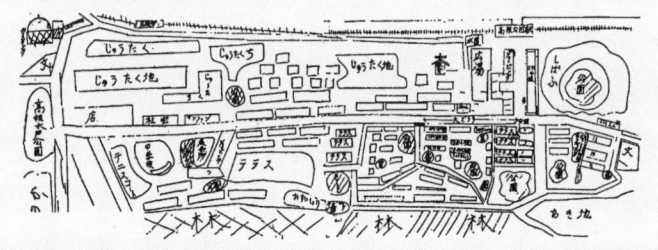

(b) 住棟群のまとまりを手掛かりとした絵
　　千葉県高根台団地の5年男子．この団地は，テラス群，分譲宅地などのグルーピングがなされている．それを手掛かりとして，極めて広く認知圏が広がっている様子が分かる．また，中央を左右に走る大通りは実際はカーブしているが，イメージ上は直線として認知されている．

図 12.10 草加松原団地と高根台団地のスケッチマップ [6]

12章の問題

☐ **1** 自宅のまわりの地域のスケッチマップを描いてみよう．
描いてみて，実際の地図と比べてみよう．

☐ **2** 学校のキャンパス，建物内のスケッチマップを描いてみよう．問題1と同様に実際の配置図・平面図と比較してみよう．
また他の人にも描いてもらい比較してみよう．

☐ **3** 迷いやすい街はどのような形態の街であろうか．格子状の道路の街と，イレギュラーな道路がある街と比べて検討してみよう．

13 デザイン

　建築の計画，設計において行われるデザインとは何か．デザインも人のなす業(わざ)である．しかし客観的に説明することの難しい行為であり，正解のないものである．建築デザインとはどのような行為か，その一端を探ってみよう．

> **13章で学ぶ概念・キーワード**
> - デザイン
> - デザインプロセス
> - システム

13.1 かたちがつくられること・デザイン

　自然界にあるかたちあるものは，一般には，時間とともに風化し，かたちが崩れてゆくものである．しかしもしすべてのものがそうなるならば，長い年月を経ればこの世界はすべて一様に均一な状態になるはずである．しかし実際はそうではない．ある部分が何らかの理由で特化し，特徴あるかたちをつくり出すことがある．それによって環境はさまざまに変化し，さまざまな種類の動植物にとって生活の場となり得るような環境を提供する．

　また，そもそも生物は自然界の中で，一見自然の摂理に反するように，体を維持し同じものを増殖する．そしてそのために都合のよいように環境を借りて手を加えてゆく．そういった生物と環境の共存・相互作用によって，環境のかたちはつくられている．

　人間の立場から考えると，そうやって自らもその1つである動植物と環境が共存しながらつくられている自然の環境の状態の中で，特化され人々が使える環境の形態をもつものを見つけて生活してきた．そしてその環境の形態を維持し，補強し，さらに自分たちにとってより都合のよいように変化させるようになった．

　さらに自然の環境の補強というよりも，積極的に意図して，自然のかたちを変え，創造することができるようになった．それが建築空間デザインの始まりといえよう．

　何等かの理由により，このような人間が居住する環境のつくられ方は地球上で全く同じには発展していない（図13.1）．あるところは都市になり，あるところは農村になり，特徴のある地域を生み出す．また文化の違いも生み出している．それによって豊かな世界が生み出されているといえる．

13.1 かたちがつくられること・デザイン 143

(a) スペイン　カサレス[1]

(b) ミャンマー　ワラン族の家[2]

(c) トルコ　カッパドキア[3]

図 13.1　さまざまな住まいの形態

13.2 理論と設計

　建築空間のデザインの原型，ヒントとして自然の環境がある．見たもの，使えるもの，知っているものをまねることから始まったともいえる．長い年月をかけて，洗練淘汰されてきたデザインは，その地域の伝統的なデザインとなり文化を築くことになる．

　しかしデザインとは自然界には存在しない全く新しいものを考えることもできる．全く新しいものが可能になると，デザインの可能性は無限となり，唯一の正解はなくなる．つまり1つのデザインよりもよいデザインの可能性は常に存在するのである．またどのデザインがよいのか一概にはいえないものである．デザインは深く難しい問題である．

　デザインという行為は人間がなす行為である．その行為は簡単には説明できない．デザインの対象によっても異なるし，人によってデザインの方法は異なる．共同でデザインを行うと，共同者どうしそれぞれの考えをもって，それぞれの進め方で行っていることがわかるであろう．

　デザインという行為を隅から隅まで明らかにすることは難しい．しかし共同設計やコンピュータによる補助を考えると，ある程度は明らかにされないとそれらがうまく進まない．

　デザインは分析的ではなく統合的プロセスであるということがいえる．分析を積み重ねてもかたちは生まれない．最終的にかたちを生み出すときに分析をこえたかたちをつくる行為がある．またデザインではまずかたちをつくることもある．

　デザインの方法のすべてを説明するのは難しいが，1つのかたちをつくるとき，大別して2つの態度があることはいえる（図13.2）．連結，部分をつくり足してつくる態度（プラスするデザイン）と，分割，全体をつくり部分を割ってゆく態度（マイナスするデザイン）である．両者は場合によって使い分けられるが，多くの場合，デザイナーはどちらかが主のタイプに分けられる．そして結果として，この2つの態度から生まれる構造は明らかに異なったものとなる（図13.3，図13.4）．

13.2 理論と設計

(a) プラスしながらつくる彫刻　　(b) マイナスしながらつくる彫刻

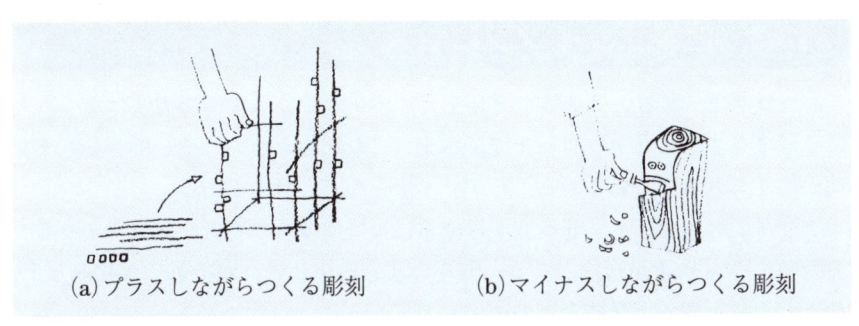

図 13.2　プラスしながらつくる・マイナスしながらつくる（芦原義信）[4]

図 13.3　コルビュジェのサボア邸 [5]
　　　　　マイナスするデザインの例.

図 13.4　日本建築 [6]
　　　　　プラスするデザインの例.

13.3 建築デザインプロセス

　1つの模様，あるいは単純な道具をデザインするにも1つの方法はなく，人によってさまざまなアプローチで，さまざまな知識を使い，そしてさまざまな解がつくられる．であるからこそデザイナーの存在意義がある．

　デザインの対象として建築空間は非常に複雑で多くの要素から成り立っているため，さらに話が複雑となる．個々の部分のデザインがそれぞれ複雑な上，個々どうし，個々と全体などの関係もでてくる．

　建築デザインに関しては，さまざまな条件を解決することが求められるが，それらすべてを満たす解はないことが普通である．実際につくられるかたちはデザイナーができるだけ最適にしようと試みた案である．実際には空間構成のデザインだけではなく部品や仕上げなどさらに多くの要素が絡み合う．また建築デザインには多くの人が関わるのが通例であり，より複雑な問題が絡んでいる．

図面の目的 建築設計において用いられる図面は，デザイナーが，何をデザインし，何のために，誰に対して見せるために作ったか，その内容があらわされるものであり，デザインの段階，表現の目的などに応じていくつかの種類に分けられる．図面表現，縮尺，図法などは図面の目的，内容に応じて選択される．

(a) **考える図面** 創案を目的とする図面である．デザイナーの概念，造形的アイディアなど，デザインのイメージ定着，確認のために主としてデザイナー自身に対して描く図面である．建物全体のものもあれば部分だけのものもある．最初に何から考え，そこで何を重要視し，何をどのように変更・修正して行くかなど，デザインの進め方が積み重ねられる図面ともなる．ここで検討されるのは抽象的なイメージだけに限らず，時には細部の寸法のチェックなどが行われることもある．

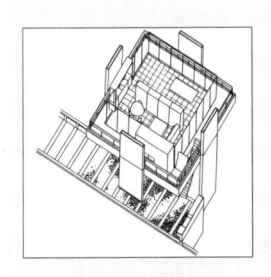

(b) **みせる図面** 発注者あるいは予定される利用者などに対して，デザイナーの案を提示する図面である．設計意図を正確にわかりやすく伝える図面である．ここでは利用者にとって建築空間がどのような形状・大きさ・構成などになるかが決まっている（基本設計の段階）．

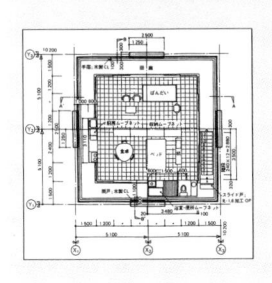

(c) **つくる図面** デザインを実現するために施工者や制作者に対して設計を正確に伝える図面である．各部の寸法だけでなく，おさまりや材料，仕様など，つくるためのすべてが詳細にわたってデザインされ，表現されている．また表現方法にはルールがある．

図 13.5 図面の種類と目的 [7]

13.4 エスキスのプロセス

　同じ条件で建築設計を進めても，デザイナーによって解は異なる．デザインにおいて重点をおかれるところはデザイナーによって異なるし，デザインを進めてゆく順序も異なる．

　図 13.6 は，4 人のデザイナーによる同じ条件から生まれる異なる**エスキス**の例である．この課題は動線・所要空間のつながりは一意であるが，敷地条件の中でそれらをどのようにデザインするかは一意に決まらない．したがって単純な建築でありながら四者四様の解となっている．

　この課題は住宅であるが，より規模の大きなもの，複合的なもの，高層の可能性のあるものなどになるとより多様になるであろう．

▮ 設計競技（コンペ）方式とプロポーザル方式

　建築の設計は，設計条件が具体的に細かく与えられていても，それだけでは実際の設計がどのようなかたちになるかはわからない．設計者によって異なる結果となりうる．

　であるから，公共施設のように質の高い設計が求められるとき，設計条件を提示するだけでなく，よき「設計案」が選ばれる必要がある．それを設計料の安さだけで選ぶべきではないことはいうまでもない．

　最も優れた設計案を選ぶ方式として，設計競技（コンペ）方式がしばしばとられる．この方式は「設計案」そのものの良否を検討して選ぶ方式である．この方式によって多くの名建築が生まれ，また多くの有能な建築家が生まれたことに間違いはない．

　しかし近年，コンペ方式では受注できるかどうかわからないにも関わらず詳細にいたる設計を行う必要があることで応募者の負担が大きいことが指摘され，代わってプロポーザル方式が注目されるようになった．

　コンペ方式が「設計案」を選ぶのに対し，プロポーザル方式は「設計者」を選ぶ方式である．設計者の技術力や経験，プロジェクトに臨む体制などを含めたプロポーザル（提案書）によって設計者が選ばれる．「設計案」を作成するのではないため提出者の負担が少なく，かつ公正に能力のある設計者を選ぶ方式として採用されることが多くなった．

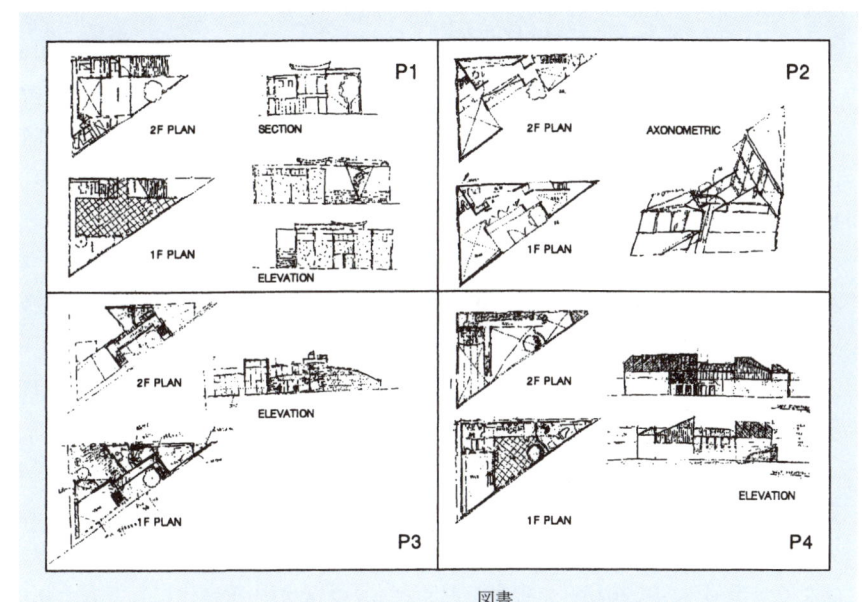

13.4 エスキスのプロセス

敷地は住宅地にあり、公道と私道に挟まれている。北側には公園が在り、木が生い茂っている。夫婦は画家と音楽家で2人暮らしである。したがって、普通の住宅の機能の他にアトリエ、スタジオを必要とする。

要求諸室
1. 画家のアトリエ　　　　　40〜60 m²
2. 音楽家のスタジオ　　　　30〜50 m²
3. 寝室(コーナーも可)2つ　10 m²
4. 食堂、厨房　　　　　　　15 m²
5. 図書室(コーナーも可)　　10 m²
6. サニタリー　　　　　　　10 m²

要求図面(2, 3, 4は必要に応じて)
1. 1F, 2F平面図
2. 立面図
3. 断面図
4. アクソメまたはスケッチ

施主から設計に関して以下の要望があった。

仕事中騒音など気にならないように、アトリエとスタジオはダイニングキッチンを中心に振り分け、その3つの部屋へはエントランスから直接入れること。2階には図書コーナー、サニタリーを設け、仕事中の利用が煩わしくないようにスタジオ、アトリエ両方からアプローチ可能とするため、それぞれ専用の階段を設けること。また、寝室もアトリエ、スタジオ両方にそれぞれ関係づけて1個づつ用意して欲しい。その際、完全な部屋として扱わなくても、来客があったときなどプライバシーを守れる程度の配慮が在ればよく、また1階でも2階でも構わない。接客は各仕事場で対応。また特に居間は必要としない。敷地内の松は是非生かして欲しい。

配置関係に関しての希望をブロックダイアグラム図で示しておく。この条件および機能図を最優先して設計を行って欲しい。その際空間表現、形態は自由に考えて構わない。

図 13.6　同じ条件ではじめた4人それぞれのデザイン [8]

13.5 デザインのシステム

　デザインという行為は無限に可能性のある中から1つのかたちを決める行為である．それはかなり大変な作業であるため，デザイナーはデザインを合理的に行うために何らかのシステムを使うことがある．無限の可能性をある根拠に基づき制限するのである．

　数量的な方法としては，**モデュール**として，あらかじめ使う寸法を整理し，ある程度限定することなどがある．具体的には，単位としてのふさわしさや数列の特性をもとに選ばれる．

　幾何学的な方法としては，**グリッド**などを用いる方法がある．寸法と方向を規制することになるが，自由度はかなりある．

　規準線はさらに対角線や角度，黄金比等を加え，これらの交点など，さまざまな幾何学的特異点にデザイン対象の部分を合わせてゆくもので，幾何学的システムがかたちを決めるのに近い．かたちをデザイナーの気まぐれで決めるのではなく，幾何学的な神秘性に根拠をおくともいえるが，黄金比にしてもそれが美しいという根拠があるわけではない．規準線はグリッドと異なりデザインされたものには目に見えるかたちで現れないあくまで補助線のようなものである．

　規準線は細部や建物立面のデザインなどに，特に西洋では古くから使われていた．またル・コルビュジェもよく用いている．

　ル・コルビュジェによる**モデュロール**は「人体の寸法と数学の結合から生まれたものを測る道具」と呼ばれ，手を挙げた人体を包絡する2倍正方形，人体各部の黄金比，身長 1829 mm などを基準として，フィボナッチ数列から導かれた2つの尺度の体系である．人体寸法，数列のシステム性，黄金比の特徴を活かした尺度のシステム化の例といえる．

13.5 デザインのシステム

- 等差数列
  〔初項1，公差1〕
  1, 2, 3, 4, 5, 6, 7, …
  〔初項10，公差10〕
  10, 20, 30, 40, 50, 60, 70, …
- フィボナッチの数列
  フィボナッチの数列$\phi(\eta)$は，
  $\phi(\eta)=\phi(\eta-1)+\phi(\eta-2)\phi(\eta)$で定義される．
  〔初項1，第2項2〕
  1, 2, 3, 5, 8, 13, 21, …
  〔となり合う項の比〕
  $\dfrac{2}{1}, \dfrac{3}{2}, \dfrac{5}{3}, \dfrac{8}{5}, \dfrac{13}{8}, \cdots \to \dfrac{1+\sqrt{5}}{2}$
- 等比数列
  1を中心とした2倍系列
  $\cdots, \dfrac{1}{32}, \dfrac{1}{16}, \dfrac{1}{8}, \dfrac{1}{4}, \dfrac{1}{2}, 1, 2,$
  4, 8, 16, 32, …

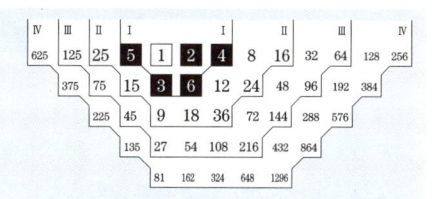

IV	III	II	I		I	II	III	IV
625	125	25	**5**	**1**	**2**	4	8	16	32	64	128	256
	375	75	**15**	**3**	**6**	12	24	48	96	192	384	
	225	45	9	18	36	72	144	288	576	
		135	27	54	108	216	432	864		
			81	162	324	648	1296			

- Dϕ（内田祥哉）
  10進法を基本にして，10の約数とそれにフィボナッチに分割した1, 2, 3, 5の2組の数値を対等に組み合わせ，単位は10進法のものであればその種類を問わない．フィボナッチに数列の3欠点（約数が少ない，大小の差の大きい数値の組合せが不十分，グリッドプランニングが不可能）を除去しているところが重要である．

図13.7 モジュールをつくる各種数列[9]

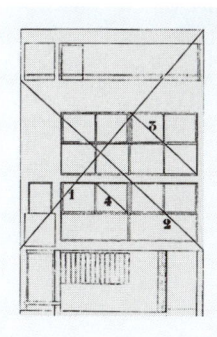

図13.8 規準線の発端[10]
23才で，彼（＝コルビュジェ）は製図板に彼自身が作ろうとする家の立面を描いた．難問に衝き当る：「すべてのものを結びつけ秩序立てる法則は何であるか」と……．ある日，パリの小さな部屋の石油ランプの下で，絵葉書が机の上に並べられていた．彼の目はローマのミケランジェロのカピトルが上に惹きつけられた．彼の手法はもう1枚の絵葉書を裏がえしてその白い面を出し，直観的にその1つの角（直角）をカピトルの立面の上に動かした．すると直角がこの構造を支配し（直角の頂点）がすべての構成を革命していると認められる真理が，俄然あらわれた．これは彼にとって1つの啓示であり確信となった．

図13.9 コルビュジェの規準線[11]
ピロティによって空中に持ち上げられた面の比例を決定する対角線1に対して，2次的な面が直行する対角線2によって規定されて，その面における開口部と壁面の関係は対角線3によって，開口部の窓の一単位は対角線4によって規定されている．

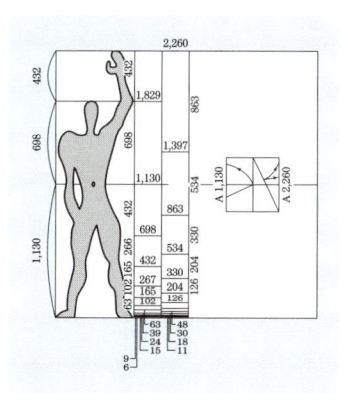

図13.10 モデュロール[12]

13章の問題

☐ **1** 1つの設計課題において，自身がどのように設計を進めたか，記録してみよう．どのようにアイディアを出し，どのようなエスキスを繰り返し，最終的にどのような案に至ったか，できれば他の人と比較してみよう．

☐ **2** 建築家のデザインには「その人らしさ」があるものがある．何人かの建築家のデザインを比較し，その人のデザインの特徴を見つけてみよう．

参 考 文 献

[1] ヴィトルヴィウス：建築十書
[2] Sommer, R.: *Personal space, The behavioral basis of design*, Prentice-Hall Inc., Englewood Cliffs, New Jersey, 1969, 穐山貞登訳：人間の空間——デザインの行動的研究，鹿島出版会，1972
[3] Hall, E.T.: *The hidden dimension*, New York: Doubleday, 1966, 日高敏隆ほか訳：かくれた次元，みすず書房，1970
[4] Osmond, H.: *Function as the basis of psychiatric ward design*, Mental Hospitals, 23-30, 1957
[5] 小林秀樹：集住のなわばり学，彰国社，1992
[6] 武井正昭ほか：圧迫感の計測に関する研究（1〜4），日本建築学会論文報告集，1977〜1981
[7] 岡田光正他著：建築と都市の人間工学——空間と行動のしくみ，鹿島出版会，1977

図表典拠

■ 1 章
- [1] Heron, W.: *Pathology of boredom*, Scientific Americans, 1957
- [2] 高橋鷹志＋チーム EBS：環境行動のデータファイル——空間デザインのための道具箱，彰国社，2003（Lenntorp, 1978）
- [3] 鈴木成文ほか：放送大学教材 現代日本住居論，放送大学教育振興会，1994
- [4] 芦川　智・佐生健光編著：すまいを科学する——新しいすまい学 30 課，地人書館，1990

■ 2 章
- [1] 太田邦夫：ヨーロッパの木造建築，講談社，1985
- [2] 岩手県教育委員会：岩手文化財調査報告〔書〕〈第 26 集〉岩手の古民家，1978
- [3] 建築計画教科書研究会：建築計画教科書，彰国社，1989
- [4] 日本建築学会編：人間環境学——よりよい環境デザインへ，朝倉書店，1998（Zeisel, J.: *Inquiry by Design: Tools for Environment-Behavior Research.* Cambridge University Press, pp9–16, 35, 1981 より作成）
- [5] 青木正夫：建築計画学 8「学校 1」，丸善，1976
- [6] 東北設計計画研究所＋外山義：認知症高齢者グループホーム「こもれびの家」（1 階平面図），1997
- [7] 清瀬旭ヶ丘団地，UR 都市機構，東日本支社
- [8] 日本建築学会編：建築計画資料集成 4——単位空間 II，丸善，1980（三井物産より）
- [9] 巽和夫，高田光雄：二段階供給方式による集合住宅の開発，建築文化，彰国社，1983.9

■ 3 章
- [1] 日本建築学会編：日本建築史図集　新訂版，彰国社，1980
- [2] F. Baumgart: *A History of Architectural Styles*, Pall Mall Press（1675–1710,

図表典拠　　　155

設計：C. レン）
[3] 日本建築学会編：建築設計資料集成——総合編，丸善，2001 より作成
[4] ヤマハ：アコースティックバイオリン「ブラビオール」YVN50
（http://www.yamaha.co.jp/product/strings/acoustic/braviol/index.html）
[5] 長野県塩尻市役所：第 42 回木曽漆器祭・奈良井宿場祭
（http://www.city.shiojiri.nagano.jp/ctg/280210/280210.html）
[6] 宮本京子：新千里東町を望む 2002（絵はがき），千里グッズの会（製作）
[7] UR 都市機構 埼玉地域支社：草加松原団地，1961–1963
[8] 黒沢隆：集合住宅原論の試み，鹿島出版会，1998
[9] 鄭穎：生活領域の多層性に関する研究

■ 4 章
[1] 建築計画教科書研究会：建築計画教科書，彰国社，1989
[2] 戸沼幸市：人間尺度論，彰国社，1978 を改変
[3] 日本建築学会編：建築設計資料集成 3——単位空間 I，丸善，1980
[4] 小原二郎編：デザイナーのための人体・動作寸法図集，彰国社，1960
[5] 小原二郎・加藤力・安藤正雄編：インテリアの計画と設計，彰国社，1986
[6] 日本建築学会編：建築のための基本寸法——人と車，彰国社，1975
[7] ヴィジュアル版建築入門編集委員会：ヴィジュアル版建築入門 9　建築と工学，彰国社，2003
[8] 清家清ほか「和風便所における動作の実験（建築における人体動作の資料）」日本建築学会論文報告集，第 63 号，1959
[9] 小原二郎・内田祥哉・宇野英隆編：建築・室内・人間工学，鹿島出版会，1969
[10] 永田久雄：日本建築学会計画論系論文 444，1993
[11] 建設省：長寿社会対応住宅設計指針，1995
[12] 日本建築学会編：建築設計資料集成——人間，丸善，2003（Lehman: Arbeitsphysiologie, 6, 1933）を改変
[13] 永田久雄：日本建築学会計画論系論文，456，1994

■ 5 章
[1] 日本建築学会編：建築設計資料集成——人間，丸善，2003（上野義雪ほか：動作と力　第 1 報　力のかかり方，日本建築学会大会学術講演梗概集，p726，1978.9 より作成）
[2] 東京都立大学体力標準研究会：新・日本人の体力標準値，不昧堂出版，2000
[3] 荒川規矩男，河合忠一編：運動療法の実際，南江堂，1991 を改変

- [4] 人間工学ハンドブック編集委員会編：人間工学ハンドブック，金原出版，1966
- [5] 倉田正一：人間工学，手の測定，技報堂，1959
- [6] 深沢秀嘉，上野義雪，加藤博義：手の測定，日本建築学会関東支部研究報告集，pp187–188，1971
- [7] 小原二郎・内田祥哉・宇野英隆編：建築・室内・人間工学，鹿島出版会，1969
- [8] J. Brebner, B. Sandow: *Direction of turn stereotypes, conflict and concord*, Applied Ergonomics, 7.1, p34, 1976
- [9] 日本建築学会編：建築設計資料集成 3──単位空間 I，丸善，1980 より作成

■ 6 章

- [1] 小原二郎，内田祥哉，宇野英隆編：建築・室内・人間工学，鹿島出版会，1969
- [2] 人間工学ハンドブック委員会編：人間工学ハンドブック，金原出版，1966
- [3] 京都女子大学計測グループ：被服と人体，人間と技術社，1970
- [4] 阿久津邦男：歩行の科学，不昧堂出版，1975
- [5] 日本建築学会編：コンパクト建築設計資料集成──バリアフリー，丸善，2002（東京消防庁：災害と防災環境からみる高齢者の実態，p50, 1998）
- [6] 人間工学人体計測編集委員会編：人体計測値図表，人間と技術社，1970
- [7] 池田良夫：握りタイプによる動作特性別利き手の分布の検討　側方優位（利き）に関する研究，日本経営工学会秋期研究大会予稿集，pp.31–32, 1986
- [8] 日本建築学会編：建築設計資料集成──人間，丸善，2003
- [9] NC state University, The Center for Universal, Design (http://www.design.ncsu.edu/cud/about_ud/udprincipleshtmlformat.html)

■ 7 章

- [1] 日本建築学会編：人間環境学──よりりよい環境デザインへ，朝倉書店，1998 (Horowitz et al.: *Personal space and body-buffer zone*, The Archives of General Psychiatry, 1964 より作成)
- [2] 田中政子：Personal space の異方的構造について，教育心理学研究, 21 (4), 1973
- [3] 日本建築学会編：人間環境学──よりりよい環境デザインへ，朝倉書店，1998
- [4] 中島義明・大野隆造：すまう──住行動の心理学，朝倉書店，1996
- [5] 空間の言語学，言語，大修館書店，22(8), 1993.8.

■ 8 章

- [1] Jon Lang: *Creating Architcetural Theory. The Role of the Behavioral Sciences in Environmental Design*, Van Nostrand Reinhold, 1987
- [2] 岡田光正ほか：建築と都市の人間工学──空間と行動のしくみ，鹿島出版会，

1977 より作成

[3] 吉武泰水：建築計画の研究，鹿島出版社，1964．岡田光正ほか：建築と都市の人間工学——空間と行動のしくみ，鹿島出版会，1977 より作成

■ **9 章**

[1] A. L. Yarbus: Eye *Movements and Vision*, Plenum Press, New York, 1967
[2] H. Dreyfuss: *The Measure of Man Human, Factors Design*, Whitney Library of design, 1959. 編集委員会編：人間——環境系 下巻，人間と技術社，1973 より作成
[3] 小保内虎夫：視知覚，中山書店，1955
[4] B. Fretcher: *A History of Architecture*, TheAthlonePress (University of London), 1975
[5] 彰国社編：外部空間のディティール①計画手法を探る，彰国社，1976
[6] 高橋研究室編：かたちのデータファイル–デザインにおける発想の道具箱，彰国社，1984（大岡實：日本建築の意匠と技法，中央公論美術出版，1980 より作成）
[7] 高橋鷹志ほか：識別尺度に関する研究 2，日本建築学会論文報告集号外，p501，1966
[8] 小原二郎ほか：人体を測る–計測値のデザイン資料，日本出版サービス，1986
[9] 百華事店（株）：萬亀楼の雪見障子，ポータルサイト「e 京都ねっと」一言コラム
（http://column.e-kyoto.net/2007/04/799/）
[10] 樋口忠彦：景観の構造——ランドスケープとしての日本の空間，技報堂出版，1975
[11] 日本隅々の旅——全国観光名所巡り&グルメ日記
（http://rover.seesaa.net/article/28151102.html）
[12] 高橋研究室編：かたちのデータファイル——デザインにおける発想の道具箱，彰国社，1984

■ **10 章**

[1] 越山明典：越山明典設計事務所ブログ
（http://blog.livedoor.jp/archi_kossi/archives/cat_50034304.html）
[2] 慈光院：昭和 30 年代始めの景観（http://www1.kcn.ne.jp/ jikoin/）
[3] C. Alexander, S. Ishikawa, M. Silverstein: *A Pattern Language: Towns, Buildings, Construction*, Oxford University Press, 1977
[4] 富永譲：近代建築の空間再読〈巨匠の作品〉にみる様式と表現，彰国社，1986
[5] 日本建築学会編：建築・都市計画のための空間学辞典 [改訂版]，井上書院，1996

[6] 乾正雄ほか：開放感に関する研究，日本建築学会論文報告集，1972
[7] 内田茂：空間の視覚的効果の数量化に関する実験的研究，東京大学学位論文，1977
[8] 季刊 すまいろん 2001年春号，住宅総合研究財団
[9] 高橋鷹志ほか編：シリーズ〈人間と建築〉1 環境と空間，朝倉書店，1997

■ 11章

[1] 日本建築学会編：建築設計資料集成——総合編，丸善，2001
[2] 野村東太ほか：博物館の展示・解説が来館者に与える影響，日本建築学会計画系論文集 445, pp73–81, 1993
[3] 仙田満ほか：歩行線形による屋外通路空間の形状に関する研究，日本建築学会計画系論文集 479, pp131–138, 1996
[4] 長谷川逸子：すみだ生涯学習センター，長谷川逸子・建築計画工房
[5] 阿久津邦男：歩行の科学，不昧堂出版，1975 より作成
[6] 日本建築学会編：建築設計資料集成——人間，丸善，2003（足立孝ほか：併行2段階の選択，日本建築学会論文報告集号外，p747, 1967. 高木幹朗：建築内における経路選択傾向についてその2, 日本建築学会大会学術講演梗概集，p.501, 1975 より作成）
[7] Romedi Passini: *Wayfinding in Architecture*, Van Nostrand Reinhold, 1992 を改変
[8] Dorothy Pollet & Peter C. Haskell eds.: *Sign System for Libraries, Solving the Wayfinding Problem*, R.R. Bowker Company, 1979 を改変
[9] 日本建築学会編：建築設計資料集成——人間，丸善，2003
[10] アメニティターミナルにおける旅客案内サインの研究，交通エコロジー・モビリティ財団，1997
[11] M. Levine: *YOU-ARE-HERE MAPS, Psycological Considerations*, Environment and Behavior, Vol.14, No.2, March, 1982 を改変
[12] 日本建築学会編：建築設計資料集成——人間，丸善，2003（表下欄中の図②，⑦，⑧のみ岡田光正ほか：建築と都市の人間工学——空間と行動のしくみ，鹿島出版会，1977）

■ 12章

[1] ケヴィン・リンチ著，丹下健三・富田玲子訳，都市のイメージ，岩波書店，1968
（Lynch, K.: *The image of the city*, Cambridge:MIT Press, 1960）
[2] 高橋鷹志・井田卓造ほか：空間認知におけるスキーマの役割，日本建築学会大会学術講演梗概集 建築計画，1983, 1659–1660

[3] 宮本文人：児童の空間認知と学校校舎の平面計画，MERA Journal, 1, (2), pp21-32, 1993
[4] 草加松原団地，UR 都市機構 埼玉地域支社
[5] 高根台団地，UR 都市機構 千葉地域支社
[6] 小林秀樹：集住のなわばり学，彰国社，1992

■ 13 章

[1] 大阪旅行：スペイン　カサレス（http://www.osakatours.co.jp/photogallery/spain/photogallery_spain_costadelsol.html）
[2] ランド屋太郎（http://www.myanmar-explore.com/jpn/blog/index.php?eid=132）
[3] エービーネット：STAFF BLOG（http://www.allbuild.jp/staff_blog/2008/01/28/000176.php）
[4] 芦原義信：外部空間の設計，彰国社，1976
[5] セキスイハイム東海：掛川支店ブログ（http://kakegawa.blog816t.com/2006/10/post_99.html）
[6] 京都観光研究所：桂離宮（http://www.kyotokk.com/katurarikyu.html）
[7] 菊竹清訓：スカイハウス，菊竹清訓建築設計事務所
[8] 横山ゆりか：問題解決行動としてみたときの建築設計プロセスの特徴　ドローイングを伴う空間デザインプロセスの研究，計画系論文集 524, 1999
[9] ヴィジュアル版建築入門編集委員会：ヴィジュアル版建築入門 9　建築と工学，彰国社，2003
[10] （図）A. Ozenfant, Ch. E.. Jeanneret: *Sur la Plastique* (L'esprit Nouveau 1), 1920.（キャプション引用）ル・コルビュジェ著，吉阪隆正訳：モデュロール（SD 選書），鹿島出版会，1980
[11] Le Corbusier: *L'architecture Vivante* 1929
[12] Le Corbusier: *Le Corbusier Mein Werk*, Verlag Arthur Niggli-Teufen-Teufen AR, 1960

索　引

ア　行

アイデンティティ　134
あき　52
圧迫感　112
椅子　42
イメージ　130
イメージアビリティ　134
因子分析　110
インフィル　18
ウエイファインディング　122
エイジング　62
SI住宅　18
エスキス　148
SD法　110
エッジ　136
エネルギー代謝　50
オリエンテーション　124

カ　行

階段　44
開放感　112
家具　42
感覚遮断実験　4

（サ行左列）

環境　4
環境心理学　110
規準線　150
距離　98
近代　24
空間　2, 106
グリッド　150
群集　126
蹴上　44
計画　12
ケヴィン・リンチ　134
建築計画　14
工業化　18

サ　行

サイン　124
酸素摂取量　50
指示詞コ・ソ・ア　80
姿勢　38
施設　8, 16
持続力　48
視野　94
住宅　8
障碍　62

衝撃力　48
身体障碍者　66
人体寸法　38
スケッチマップ　130
スケルトン　18
ストック　18
ストラクチャー　134
住み方　14
制度　16
操作　52
ソシオフーガル　78
ソシオペタル　78

タ 行

力　48
中心窩　94
ついで利用　118
使われ方　14
机　42
D/H　102
ディストリクト　136
デザイン　12, 142
テリトリー　84
天井高　108
動作　38
動作域　40
動作のステレオタイプ　56
動線　118

ナ 行

ナビゲーション　124
なわばり　74

人間工学　36, 38
ノード　136

ハ 行

パーセンタイル　60
パーソナルスペース　72, 74
パス　136
バリアフリー環境デザイン　68
非常時　126
表出　84
標準化　18
踏面　44
プライバシー　72
平均値　60
歩行　120

マ 行

マグニチュード推定法　110
ミーニング　134
METs　50
メルテンス　102
モデュール　150
モデュロール　150

ヤ 行

ユニバーサルデザイン　68

ラ 行

ランドマーク　136
レジビリティ　134

著者略歴

西出　和彦
にしで　かずひこ

1976年	東京大学工学部建築学科卒業
1981年	東京大学大学院工学系研究科建築学専門課程博士課程単位取得退学
1981年	東京大学工学部建築学科助手
1988年	千葉工業大学工業デザイン学科専任講師
1992年	同助教授
1998年	東京大学大学院工学系研究科建築学専攻助教授
現　在	東京大学大学院工学系研究科建築学専攻教授
	博士（工学）

主要著書
「建築計画」（市ヶ谷出版，2005）
「建築・都市計画のための空間計画学」（井上書院，2002）
「人間環境学　よりよい環境デザインへ」（朝倉書店，1998）

新・建築学＝TKA-1
建築計画の基礎
──環境・建築・インテリアのデザイン理論──

2009年 6 月 25 日 Ⓒ　　　　　　初 版 発 行

著者　西出和彦　　　発行者　矢沢和俊
　　　　　　　　　　印刷者　山岡景仁
　　　　　　　　　　製本者　石毛良治

【発行】　　　株式会社　数理工学社
〒151-0051　東京都渋谷区千駄ヶ谷 1 丁目 3 番 25 号
編集 ☎ (03) 5474-8661（代）　　サイエンスビル

【発売】　　　株式会社　サイエンス社
〒151-0051　東京都渋谷区千駄ヶ谷 1 丁目 3 番 25 号
営業 ☎ (03) 5474-8500（代）　振替 00170-7-2387
FAX ☎ (03) 5474-8900

印刷　三美印刷　　　製本　ブックアート
《検印省略》

本書の内容を無断で複写複製することは，著作者および出版社の権利を侵害することがありますので，その場合にはあらかじめ小社あて許諾をお求め下さい．

ISBN978-4-901683-64-7
PRINTED IN JAPAN

サイエンス社・数理工学社の
ホームページのご案内
http://www.saiensu.co.jp
ご意見・ご要望は
suuri@saiensu.co.jp まで．

━━━新・工科系の数学━━━

工科系 **線形代数**
　　　　筧　二郎著　2色刷・A5・上製・本体1680円

工学基礎 **フーリエ解析とその応用**
　　　　畑上　到著　2色刷・A5・上製・本体1900円

工学基礎 **ラプラス変換とZ変換**
　　　　原島・堀共著　2色刷・A5・上製・本体1900円

工学基礎 **代数系とその応用**
　　　　平林隆一著　2色刷・A5・上製・本体2200円

工学基礎 **離散数学とその応用**
　　　　徳山　豪著　2色刷・A5・上製・本体1950円

工学基礎 **最適化とその応用**
　　　　矢部　博著　2色刷・A5・上製・本体2300円

＊表示価格は全て税抜きです．

━━━発行・数理工学社／発売・サイエンス社━━━

===== 新・工科系の物理学 =====

工科系 **大学物理学への基礎**
石井　靖著　2色刷・A5・上製・本体1780円

工科系 **物理学概論**
三尾典克著　2色刷・A5・上製・本体1850円

工学基礎 **熱力学・統計力学**
堂寺知成著　2色刷・A5・上製・本体2100円

工学基礎 **物性物理学**
藤原毅夫著　2色刷・A5・上製・本体2600円

量子光学と量子情報科学
古澤　明著　2色刷・A5・上製・本体1900円

＊表示価格は全て税抜きです．

===== 発行・数理工学社／発売・サイエンス社 =====

新・建築材料 I［構造材料編］

田中・三上・横山共著
2色刷・A5・上製・本体1900円

新・建築材料 II
［部位構成材料・機能材料編］

田中・川村・三上・横山・高橋共著
2色刷・A5・上製・本体2200円

建築構造力学入門

元結正次郎著　2色刷・A5・上製・本体2100円

非線形構造力学
構造物の多軸挙動と塑性論

瀧口克己著　A5・上製・本体2800円

基本建築構造力学
片持ち線材の挙動

瀧口克己著　A5・上製・本体2200円

＊表示価格は全て税抜きです．

発行・数理工学社／発売・サイエンス社